はじめに

「仕事なんてしたくない」

「お金があれば仕事なんてすぐ辞めるのに」

「なるべく楽して、稼ぎたい」

世の中には、そんなふうに思いながら仕事をしている人がたくさんいます。


数年先が見えない混沌とした時代。「物価は上がるのに、給料は上が　状態のなかでは、「仕事って楽しい」と心から言える人が少ないのも、　かもしれません。

しかし、国や政治家に対して悪口を言ってもこの社会は変わりませ
であれば、あなた自身が捉え方を変えるしかない。
それがもっとも早くあなたが仕事を楽しいと思うための方法です。

申し遅れました。古山保幸と申します。

香港を中心に、日本や世界でさまざまな事業を展開している経営者です。

私が世界を舞台にビジネス展開をする経営者になれたのは、23歳から14年間、**「居食屋和民」でビジネスの真髄を教えていただいたから**だと断言します。**ワタミで教わったすべての知識を引っ提げ、37歳のときに独立し、世界を舞台にビジネスを始めました。**


そのときに気づいたのは、世界から見た日本はとてもユニークだということでした。

それまでは日本しか知らなかったため、日本の基準が世界の基準だと当たり前のように思っていました。

しかし、世界で本格的に仕事をすると、社会の仕組みやお金の捉え方など、多くの物事が世界の基準とはかけ離れていることも知りました。


つまり、世界という大きな視点で見ると、日本は、島国ならではの稀有な文化で成り立っていることに気づいたのです。

ビジネスの舞台を世界に移し、さまざまな人たちとビジネスをすると、今までいかに小さな思考の枠のなかで生きていたのかということに気づきました。**働く場所を変えることで、小さな枠から飛び出すと、自然と自由な発想で物事を考えられるようになりました。**

そして、そこで生まれた企画やアイデアの種をいったん会社という箱に入れ、おもしろいと思ったものだけを取り出し、動かすことに徹しました。

すると、一見違う業種の仕事でも、いつしかそれが重なり合い、やがて大きな事業に発展していくことを実感したのです。

小さな点が1本の線になり、その線が面になり、面が立体になっていく。

まるで最初から仕組まれていたかのような巡り合わせでビジネスが加速したとき、ビジネスとは、まるで「大人のおもちゃ箱だ」と感じたのです。

会社というおもちゃ箱にビジネスの種をストックし、そこを基盤にビジネスを展開する。私にとって、それはまさに「究極の大人の遊び」だったのです。

そう思えるようになったのは、ワタミで多くのことを学び、実体験させていただいたからだと思っています。

だからこそ、**私がワタミで得た知見を、どんなジャンルのビジネスでも生かせるような視点でわかりやすく書こうと思います。**

この本を読み終えたあなたが1日でも早くビジネスの楽しさに気づき、さらには、世界へ羽ばたくきっかけとなれば、著者としてこれほど嬉しいことはありません。

今、あなたが持っている仕事への思い。

その捉え方を少し変えるだけで、心から仕事を楽しいと思えるようになります。

そのためのコツを、本書で余すところなく語っていきます。

▶▶倍速で失敗しよう

香港で起業し、6か国で事業展開する
経営者が伝えたい思考習慣

G-JOYFUL LIMITED代表取締役 古山保幸

現代書林

仕事が楽しいということは、人生が楽しいということ。

今、生きづらさを感じている人や、今とは違う人生を手に入れたいすべての人に、この本が届きますように。

２０２３年11月

古山保幸

CONTENTS

Part 1 居酒屋には経営の本質が詰まっている

Part 2

香港人から教わった「世界基準の仕事術」

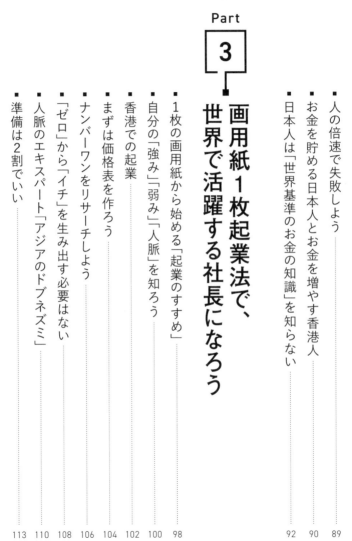

Part 3

画用紙1枚起業法で、世界で活躍する社長になろう

Part 4

人生を変える10の思考習慣

Part

1

居酒屋には経営の本質が詰まっている

居酒屋とは、
人々が癒しを求め、鎧を脱ぐ場所。
人の本質がオープンになる場所だからこそ、
人と時代のニーズに応えられる
経営力が凝縮している。

人生を変える出会いは、突然に

「どこにでもいるスポーツ少年」

子ども時代の私を一言でいうなら、きっとこんな表現になるでしょう。

大阪府で三兄弟の長男として生まれ、幼い頃から野球、サッカーなどスポーツに熱中している、そんなスポーツ少年だったのです。

しかし、進路を決める時期になり、将来の夢や目標を聞かれたとき、なんと答えてよいかわかりませんでした。「××になりたい」といった、明確な将来の夢を見つけることができなかったからです。

そんな少年だった私は今、世界を舞台に仕事をしています。

あの頃の私はこんな未来が待っているとは1ミリも想像していなかったでしょう。

では、ただのスポーツ少年がどのようにして世界で活躍する経営者になれたのでしょうか。

その答えは、大学5年目の春、留年して大学を中退したとき、たまたま見ていたテレビに出ていた、ある会社経営者の言葉がきっかけとなりました。

「人に夢と書いて、儚い。夢を儚いままで終わらせないために、夢には日付を入れよう」

この経営者こそ、あのワタミの渡邉美樹社長だったのです。

ワタミの渡邉美樹さんといえば、今では誰もが知る元政治家であり、敏腕経営者です。

仕事をする本当の意味とは

当時（2000年）の私は、ワタミも渡邉美樹さんのこともよく知りませんでした。

しかし、その言葉が心に刺さり、頭のなかで何度もリピートしている自分がいました。

「もっとこの人のことを知りたい」と思い、すぐに渡邉美樹さんの本を購入しました。

すると、そこには、今の私が求めていた言葉の数々が並んでいたのです。

なかでも印象的だったのが、**「就職のために就職活動をすることが当たり前だと思っている人が多い。しかし、仕事とはそういうことではない。仕事を通して、自分の夢を叶えること。それこそが仕事だ」**という一節です。

これを読んで初めて、仕事をする本当の意味を教わった気がしました。

というのも、当時の私は、大学を卒業した後、自分がイキイキと働く姿をイメージすることができずにいたのです。

ちょうどその頃、塾講師のアルバイトをしていました。

外部の人材育成研修なども行っている会社で、自分と対峙するといった研修を受けながら、生徒に教える仕事に就かせていただきました。

生徒に勉強を教え、受験勉強を一緒に戦い、そして、彼らが卒業し旅立っていく姿に感動しながら、「塾講師の仕事は、私にとって天職かもしれない。この職種なら人生を賭けてやっていける」などと思っていました。

そして、このまま塾に就職し、社員として働くのもいいかなとも考えていました。

しかし、たまたま塾の理事長と話をする機会があり、思いがけない言葉をかけられたのです。

「君ね、一度社会に出たほうがいいよ。大学を卒業してすぐに〝先生〟と呼ばれる職業に就くとな、人はダメになる。自分の一人称が〝先生〟っていうやつ、アホしかおらん」

予想外のアドバイスに驚きました。

しかし、自分の父親ほど年齢の離れた人が言うのだから本当かもしれないと思い、「それなら一度、社会に出てみよう」と、思い直したのです。

そこから真剣に就職活動を始めました。

とはいえ、私には、どうしても入りたい会社も、絶対にやりたいと思えることもありません。

そこで、自分が仕事をするうえで、譲れない条件を考えることにしました。すると、

「自分の頑張りに応じた報酬が得られること」ということが、私がビジネスを選ぶ際の条件であるとわかったのです。

たったひとつの条件で就職活動をすると、数社がピックアップされました。

そのうちの何社かにエントリーをすると、2社から内定をもらうことができ、ひとまず安心しました。

就職活動中も休まず働いていたアルバイトから深夜に帰宅。

たまたま深夜番組を見ていたそのとき、この渡邉美樹さんの言葉に出合いました。

そして、その言葉が、その後の私の人生を大きく変えるきっかけとなっていったのです。

仕事とは、あなたの夢を叶える場所

将来、自分がイキイキと働く姿をイメージすることができなかった理由は、これをやりたいという明確な夢がないことと、正社員として働く意味がわからなかったからです。

アルバイトで働くのと、社員として働くのでは、求められることが違います。社員として働くなら、年齢とともに結果も出さなくてはいけないし、出世もしなければなりません。

自分の意思で辞められるアルバイトとは、仕事内容も責任感も違います。それはわかっていましたが、働いた時間に対し、賃金をいただくということに変わりはありません。

そう考えたら、正社員になる意味はなんなのか、仕事とはなんのためにやるものなのか、誰のために働くのか、明確な答えが見つかりませんでした。

そんななか、**渡邉美樹さんが「仕事とは、自分の夢を叶えるためのもの」と断言してくれたことで、働くことの意味が理解でき、心のモヤモヤが一気にクリア**になりました。

長年の悩みから解放され、仕事への捉え方が大きく変わった瞬間でした。

その後、ワタミが関西第1号店を出店する採用募集をしていることを知り、すぐにエントリーをしました。

面接は東京で行われるとのことで、新幹線に乗り、ワタミの東京本社を訪れました。

無事面接を通過すると、大阪で行われる最終試験に向かいました。


そこで出されたのがワタミの採用で有名な「10枚作文」というレポートです。

そこに自己紹介や今までの経験、夢や目標などを書いて提出すると、無事に内定の通知をいただくことができました。


当時、関西ではまだ名の知られていないワタミに入社することは、周りの友達からとても驚かれました。

「ワタミって聞いたことない。なにやっている会社？」

「他にもっと有名なところ、いくらでも行けたんちゃうの？」

「あいつ、なんか変な会社に入ったらしいぞ」

そんなことを言われたこともありましたが、私にはまったく刺さりませんでした。

あなたの会社選びの基準はなんですか?

あのテレビを見て以来、渡邉美樹さんが創ったワタミという会社で働くことが、私の大きな夢に変わっていたからです。

たとえ無名な会社であろうと、夢を持てる環境にいたほうが仕事は楽しいし、それを実感させてくれる上司のもとで働けるという喜びのほうが遥かに大きいと感じていました。

社会に出たら、1日の大半が仕事の時間になります。

その時間を苦痛な時間として過ごすのは、誰だってイヤです。

20代前半というタイミングで、「同じ時間を過ごすなら、お金のためだけじゃなく、自分の夢のために働きたい」と思えたことは、私にとって大きな財産となりました。

今まさに就職活動や転職活動をしているという人は、改めて、どんな基準で会社選びをしているか、考えてみてください。

「大手だから」
「給料がいいから」
「なんとなく」

こうした理由で会社を選んでいるのであれば、おそらく長くは続かないでしょう。
そのような理由だけでビジネスを続けることはむずかしいからです。

「仕事とは、あなたの夢を叶えるためにするもの」ということに気づけば、あなたの仕事選びは一変します。

小さい会社でも、無名な会社でもいいのです。
なにより大切なのは、あなた自身がワクワクし、楽しい未来を想像できることです。
それが叶えられそうな会社かどうかを最優先にして選んでみてください。

挫折がある人ほど強い

私がこれほどまで、「仕事をする意味」にこだわる理由は、大学を卒業できなかったという挫折が大きく影響していました。

大学1年生のとき、取得した単位はゼロ。その後、5年間は通いましたが、結果として中退することにしました。そして、その経験は、想像以上に私を苦しめることになりました。

中学・高校と私立の男子校に通っていたときは、いわゆる優等生でした。

しかし、大学に入学し、校則というルールから一気に解き放たれたとき、自由を謳歌しすぎてしまったのです。

そこまではよくある話だと思いますが、講師のアルバイトや小さい頃から続けていたサッカーが楽しくて勉強をせず、その結果、単位を取ることができないほど、自分を甘やかしてしまいました。

もちろん、そんな自分がイヤになりましたし、後悔も反省もしました。

留年して大学5年生になりましたが、仕事をする意味が不明確だったせいか、就職活動にも力が入らず、悶々としながら過ごしていました。


そんな生活を送っていたからこそ、あの渡邉美樹さんの言葉が刺さったのです。

「仕事＝夢」という方程式を教えてくれたおかげで、ようやく自分の未来に光がさしたような、そんな気持ちにさせてくれました。


だからこそ、ワタミに入社することは、私にとって最後の砦でした。

ここで結果を出せなかったら、ただの劣等生で終わってしまいます。

まさに**人生を賭けた挑戦が、ワタミへの入社**だったのです。

今思えば、この覚悟があったからこそ、意欲的に仕事ができ、想像もしていない自分に出会えることができたのだと改めて実感します。

たしかに、日本は学歴社会であることを否定できません。

SNSなどで人と比較することが簡単にできる世の中だからこそ、高卒や中退など、変えようのない過去をいつまでも引きずりながら、劣等感を抱え、生きている人も多いでしょう。

しかし、それを失敗ととるかは、自分次第です。

悲しい過去や辛い経験がない人など1人もいません。

辛い経験なくして、成功者になった人もいません。

もしあなたが変えようのない過去に囚われているのなら、それをトラウマやコンプレックスなどと捉えず、自分を動かす原動力と捉えましょう。

私も大学を中退したという事実があったからこそ、今の私がいると断言できます。

というのも、挫折してしまったという後悔を残していたくないという思いで、起業した3年目の40歳のとき、別の大学に編入をし、42歳で無事に大学を卒業することができました。

過去は変えられませんが、過去に対する意識は変えられます。

そして、一度は諦めたことも、歳を重ねてからいくらでも取り返すことができるのです。そこに気づくだけでも、あなたは今より強くなれるはずです。

初めての現場

1週間の入社前合宿に参加後、すぐに現場に出ることができました。

新入社員は3か月の研修期間があり、1か月はホール、2か月はキッチンという形で現場に入ります。

同じ店舗に配属されたのは私を含め3人。あとの2人は関東から来た人たちでした。

毎日忙しく、覚えることもたくさんあったので、2人はいつも愚痴を言い合っていました。

しかし、私はここが人生の勝負の場です。

ここで負けてはいけないという覚悟があったので、「絶対に愚痴は言わない」と決めて仕事に励みました。

同期の2人はよく「眠い」と口にしていましたが、私は**「眠いのは当たり前。人生の正念場だから、4時間しか寝ない！　その他の時間はすべて仕事と自分の成長に充てる」と決めました。**

すると、意外にも、4時間でも十分休めることに気づきました。

こんなことから、**「捉え方は、自分で選べる」ということを知った**のです。

また、みんなが休憩している時間こそ、勉強に費やそうと決めました。

ちょうどその頃、苦手だったパソコンを覚えたり、効率よい仕込みや棚割りなど、飲食業界で働くために必要な知識を学んだりしました。

当時、居酒屋というと、どうしても水商売のようなイメージを抱かれることがありました。そういうイメージを払拭するためには、教養をつけることが必要だと思っていたので、人が知らない知識をつけようと、必死に勉強に励みました。

社員もアルバイトと一緒になって働くのがワタミ

現場での研修はベテランのアルバイトの人にしてもらいました。

新人の私を、最初に担当してくれたアルバイトは、いかにもオタクのような感じの子でした。

「この子、ほんまにキッチンの作業なんてできるんやろか」と私のほうが心配してしまったほどでしたが、働き出すと一転。無駄のない的確な仕事ぶりを見て、とても感心しました。

彼だけではなく、そこで働くアルバイトの子たちは、新人である私に、いろいろなことを教えてくれて、現場で働く楽しさを知りました。

また、**アルバイトと社員の区別がない環境で働けたこともありがたいこと**でした。

一般企業なら、社員は社員、アルバイトはアルバイトと、仕事内容を区切ることが多いでしょう。しかし、ワタミではそのような区別をしません。**同じ仕事を同じ現場で一緒に行うという環境がチームワークを生み、信頼関係を築く礎となる**ことを、気づかせてくれました。

年下の子たちに手取り足取り、さまざまなことを教えてもらえることが、本当にありがたかったので、私自身がとても謙虚な気持ちでいられました。

社員のなかには、「俺は社員だから」と、横柄な態度で仕事をしている人もいました。そういう人を見ると、「私はああはなりたくない」と思いました。そういう悪い例を見たからこそ、**相手が年下であろうと、アルバイトであろうと、自然と平等に接する**ことができたと思います。

社会人としての初めての現場はとても恵まれた環境でした。よい人間関係にも恵まれ、社会人として好スタートを切ることができました。

どうしたら無駄なく、効率的に働けるのか？

新しい環境は誰でも緊張しますが、次第に環境に慣れてくると、より効率よく作業ができないかと考えます。

私自身も、初めての現場に慣れてくると、どうしたら無駄なく、効率よく仕事ができるかと考えるようになりました。

ワタミをはじめ、多くの飲食店は、お客様から注文を受けると、キッチンに注文が流れてくるというシステムになっています。

キッチンにあるプリンターから、オーダーの書かれた紙が出てきます。その紙を見て、調理をするのです。そして、オーダー表と一緒に商品を提供します。

当時のワタミのキッチンには、刺身などを扱う「刺し場」、焼き物を扱う「ジェットオーブン」、揚げ物を扱う「揚場」、炒め物などを扱う「コンロ場」の4つのポジションがありました。

オーダーが続き、調理が間に合わないと、キッチンにあるプリンターからプリントされたオーダー表が処理し切れず、調理台にまで届きます。それを「タッチダウン」と呼んでいました。

そのため、**お店が混雑し、オーダーが続くと、タッチダウンしてしまうことがあり、私はそれが悔しくて、どうしたらそれを回避できるかを常に考えていました。**

常識を疑ってみよう

そこで、今まで当たり前のように使っているキッチンアイテムを見直そうと考えました。

例えば、誰もがなんの疑問も持たず、当たり前のように使っているタッパー。

大・中・小と3つの大きさに分かれており、よく注文される料理の食材は、大きいタッパーを使っていました。

よく使う食材なのだから、大きいタッパーに入れて使うことは、当然のことと思うかもしれません。

しかし、大きいタッパーを連続して使用する場合はよいのですが、途中に、中くらいのタッパーや小さいタッパーを使う場合、その大きいタッパーを退かすという作業が発生します。このとき、料理提供のスピードがガクンと落ちることに気づきました。

密かに、みんなが使いづらさを感じていましたが、あえてそこに触れる人はいませんでした。

しかし、ここは社員である私の出番だと思い、「全種類に対応できる小さいタッパーに変えたほうが棚割りもすっきりし、効率的なのでは」と、提案しました。

現場を知る人たちは、当然賛成してくれました。

しかし、上司には、**「古山くん、タッパーって1個いくらするか知ってる？　1000円するんだよ！」と一刀両断**されてしまったのです。

タッパーがそんなに高いとは知らず驚いたのですが、長いスパンで考えると、間違いなく早く変えたほうがいいと思いました。

そして、**独断でタッパーを700個注文。**

その後、上司には怒られました。事前に相談して、理解をしてもらうという手順を私が踏んでいなかったので、当然です。**数年後に会ったときに「お前の考え方は正しかった。ただ、あの頃は、それを理解できる人がいなかった」と言われました。**

しかし、こうした出来事を機に、常識を疑うことがいかに大事かを知ったのです。

その際、「自分たちが楽をしたい」ではなく、「お客様にいかに早く料理を提供できるか」という、お客様視点であることが重要です。

あくまでも**「お客様第一」というブレない軸を持ちつつ、常識を疑うこと。**

それがより新しい方法や物事を生み出すことを知りました。

初めての店長で、ワタミの全国1位に

この本を読んでくださる人のなかには、リーダーという立場の方もいらっしゃるでしょ

う。そして、リーダー特有の悩みを抱えている方も少なくないはずです。

私は24歳で新規オープンする店舗の店長を任されました。

私にとって、このときが人生初の「リーダー」という立場でした。

同期のみんなは、私よりも早く店長になっていました。

しかし、「私も早く店長にならなきゃ！」と焦ることも、「どうして私だけ店長になれないんだろう？」と嘆くこともありませんでした。

大学中退という挫折を味わっていたため、同期たちと多少の差がつくくらいでは、悩みの種にもならなかったのです。

人は誰でも、大きな悲しみや後悔を体感すると、強くなれます。

私にとっては、大学中退という経験が、辛さ、悲しさ、焦りに対する捉え方を薄める役割を果たしてくれました。

この経験をしていなければ、「同期はみんな店長になったのに、なぜ私はなれないのだろう?」と落ち込んでいたかもしれません。

だからこそ、挫折という経験は、自分にとって大きな武器になります。

とはいえ、ようやく店長になれたときは、素直に嬉しかったです。昇格したことよりも、店長になれば、自分が責任さえ負えば、ある程度のことが自由にできるからです。

初めて店長を任されたのは、大阪の守口店でした。

この店舗の近くには、大手電気会社が数社あり、連日のように電気会社の人たちで賑わっていました。

当時は、仕事後に会社の人と飲みに行く「飲みニュケーション」という言葉が流行っていたほど、連日、会社帰りの飲み会や宴会があり、オープン早々店は非常に忙しかったです。

場所に恵まれたこともあり、**オープンして数か月後には全国のワタミの宴会比率で1位を獲得。**

初めて現場のリーダーとして任された店舗で結果を残せたことで、会社からも上司からも、よい評価をしていただきました。

巨大店舗への挑戦！

しかし、1年も経たないうちに、京橋店に異動命令が下されました。

当時の京橋店は、300席、2フロアという巨大店舗です。

仲間うちでは、密かに「改善難易度トリプルSの店」と呼ばれており、私も内心は「イヤだな」と思っていました。

京橋店を初めて訪れたとき、**最初に目についたのは、アルバイトの態度の悪さ**でした。身だしなみが乱れ、お客様よりも自分たちを優先するような行動をしており、とてもワタミとは思えないようなお店だったのです。

そんな状態では、当然ながら清掃も行き届いておらず、非常に汚い印象を受けました。

しかし、これらはすべて現場のリーダーの責任です。

これでOKを出しているリーダーが悪いのです。

であれば、私が店長を任されたことで、この店舗を変えられるかもしれないとの思いが湧いてきました。


実際、働き始めると、勝手に休むアルバイトが多く、常に手が足りない状態が続いていました。

せっかく来てくださったお客様に、料理やお酒を待たせることが続けば、お客様は自然と減っていきます。また、働いているスタッフも、あまりにも忙しい時間が続くと体力を消耗してモチベーションが下がります。


この現状をどう打破したらいいか知り合いに相談すると、決まって、「それはメンバーが悪いから仕方ない」と言われました。そして、そんな人を雇った採用が悪いと。

しかし、私はその答えに深く頷くことはできませんでした。

なぜなら、アルバイトの子たちはみんな、仕事以外では素直でいい子が多かったからです。ともすると、アルバイトたちが悪いのではなく、今のアルバイトのリーダーが悪いのではと考えました。

そこで、そのとき、**力のあったアルバイトを上から順番に10名ほどリストアップをし、「この店舗にいて欲しくない」と退職を促しました。**

当然ながら、反発されました。

しかし、そのくらい大きな革命を起こさないとこの現場は変えられないと伝えると、渋々ではありますが、私の提案を飲んでくれました。

力のあったアルバイト10名が辞めると、当然ながら、人手不足に陥ります。

それを想定し、近くの店舗に勤めていた同期に、「人手が足りないから、助けてくれないか」とヘルプを出すと、すぐに優秀なスタッフを送り込んでくれました。

そのヘルプたちに助けられている間に、新しい採用をかけると、たくさんの応募がありました。

店長である私が面接を担当させてもらい、スタッフを選定。既存のスタッフとの相性なども考慮しつつ、選ばせてもらった結果、信じられないほど素晴らしいスタッフが揃ったのです。

19歳のアルバイトをリーダーに抜擢し、ワタミの全国売上トップ3へ

その際、アルバイトのなかでリーダーを決めなければいけません。

当時のアルバイトたちは、10代もいれば30代もいました。

入社するスタッフのなかには、居酒屋経験者の子もいますし、アルバイト経験が初めてという子もいます。

そんななか、多くのアルバイトたちをまとめるには、誰をリーダーにしたらいいか迷いました。

このとき、ふと私がワタミで働きたいと思った理由を思い出しました。

「自分の頑張りに応じた報酬が得られること」

つまり、年功序列ではないところがワタミの魅力だと思ったのです。

そこで、もともとその店舗でアルバイトをしていた19歳の女の子を呼び出しました。彼女は若いのに接客も上手であり、コミュニケーション能力も高く、なにより仕事ができたので、リーダーに適していると思ったのです。

「今、上に立っているアルバイト、上から10名ほど辞めてもらうから、お前、明日からトップをやれる？　なにかあったら責任は全部俺が取る！」

そう切り出すと、彼女は、「え？　私がトップ？」と驚いていましたが、すぐに「やらせてください。頑張ります！」と、快諾してくれました。

アルバイトたちを彼女が仕切るようになると、店の雰囲気は一変しました。

突然アルバイトを休む人もいなくなり、清潔で働きやすい現場へと姿を変えていったのです。

そして、そこから**ほんの数か月で、全国のワタミの売上トップ3を獲得**することができるまでに成長しました。

「朱に交われば赤くなる」ということわざの通り、人は簡単に周りの雰囲気に染まってしまいます。いくら素晴らしい素質を持っていても、周りの環境が悪ければ、すぐに悪いほうへと染まってしまうのです。

だからこそ、**リーダーがよい環境を与えてあげることが大事**なのです。

また、彼女のおかげで、仕事に年齢や経験は関係ないということを教えてもらいました。そして、20年経った現在、彼女は主婦業が落ち着き、私の会社の社員として社会復帰を果たし、再び信頼できる右腕として一緒に働いてくれています。

売上ではなく利益を見ることを、ワタミで学んだ

この大型店舗に革命を起こすことができたのは、メンバーチェンジが大きな要因でした。しかし、それと同じくらい、売上が上がったことも大きく影響していたように思います。

一般企業のサラリーマンは、会社の損益計算書（会社の利益を知ることができる決算書類）を見たことがない人のほうが多いでしょう。

しかし、**ワタミは店長になると、全店舗の損益計算書を見ることができ、どの店舗がどのくらいの売上があるかをデータで見ることができました。**

損益計算書には「××店の広告費はいくらで、消耗品はなにをどのくらい使っているか」などが細かくデータ化されています。多店舗の広告費や経費を数字で見ることができると、「あの店舗はあれだけ広告費にお金をかけているが、意外と売上は伸びていない」

とか「最近オープンした××店は売上が伸びている」など、分析をすることができます。

実際、そこまで**詳しく損益計算書を見ている店長はいませんでしたが、私はよく損益計算書を見ては1人で分析**をしていました。

当然ながら、どの店舗の店長も、自分の店舗の売上は把握しています。それを見たうえで、売上目標を掲げることが義務づけられていたからです。

しかし、私は売上目標を立てることに疑問を抱いていました。いくら売上が上がっても、利益が上がらなければ黒字にはならないことを知っていたからです。

そこで**私は、損益計算書の分析から、売上目標だけではなく、利益目標も掲げる**ことにしました。

今までなんの疑いもなく使っていた消耗品や備品などを見直すと、必要性のないものが数多くあることに気づきました。

そこで、無駄だと思う消耗品やアイテムはなるべく排除することにしました。

消耗品の在庫を減らしたり、人件費を時間数として考えるのではなく、人件費額として捉えるようにしたり、広告費や原価についても、しっかりと分析するようになりました。

すると、必要経費として計上していた金額が減り、利益がグッと増えました。

こうした**小さな工夫が功を奏し、利益が増え、ワタミの売上トップ3を獲得**することができたのです。

経営者や起業家は、どうしても売上に重きを置いてしまいがちです。

しかし、大事なのは、売上ではなく利益です。

売上が上がっても、広告費や人件費を引けばマイナスになってしまうようでは、意味がありません。

お金を管理する立場の人は、そこを意識して目標を設定することが重要です。

ワタミに損益計算書を見ることができるシステムがなければ、私も売上目標だけを立てることに疑問を抱かなかったでしょう。

こうしたお金の意識も、ワタミの店長という立場に立てたからこそ、得ることができた学びだと思います。

ボトルネックをスタッフからヒアリングする

新しい仕事を始めるときは、誰でも緊張します。しかし、慣れてくると緊張しなくなり、惰性で仕事をするようになります。すると、ただ仕事をこなしているだけの状態をダラダラと続けてしまいがちです。

居酒屋の仕事も同じです。

前述したタッパーの話のように、ちょっとした違和感を「これまでもこれでやってきた」「これを変えるのは無理だろう」と無意識に思い、頭によぎった疑問を無視します。

なぜなら、変化することには、エネルギーを要するからです。

しかし、その**頭に浮かんだクエスチョンマークこそが、惰性で行い続けている問題点で**

あり、生産性の低下を招く「ボトルネック」である可能性が高いのです。

居酒屋は、「注文→調理→提供」というワークフローなので、業務の停滞箇所は大きなタイムロスを生みます。

私も「この棚がなければ、もっとスムーズに動けるのに」とか「あれを使えば効率的にできるのに」などと、ふと思うことがありましたが、日々の忙しさを優先してしまっていました。

しかし、料理の提供が遅れ、お客様を待たせてしまうことがあったので、「このままではいけない」と、ボトルネックの改善に時間を取ることにしました。

まず、現場で働くスタッフに、「ここをこう変えたほうがよくない？」と提案すると、みんな一同に「私たちも同じことを考えていました！　ぜひ変えてください」と賛同してくれたのです。

長く働いている人ほど、ボトルネックには気がつかない

これを機に、みんながさまざまな意見を出し合うようになりました。

ひとつずつボトルネックを解消すると、途端に、スタッフたちの動くスピードが早まりました。

むしろ、なぜもっと早くこうしなかったんだろうと思うほど、効率的にスムーズに働けるようになったのです。

また、そのような**話し合いの場を設けることで、みんなで現場を作り上げようという意識を高めることにもつながっていきました。**

流れが早いこの時代は、人のニーズは変化し続けています。それに気づかず、働き方が常態化している人もたくさんいるでしょう。

しかし、それでは、成長することも、成功することもできません。

同じ仕事を長く行っている人ほど、ボトルネックに気づきにくくなります。そのためにも**常にあなたの生産性を低下させる物事はないか、考える癖をつけるとよい**でしょう。

そういう意識を持つことが、よりよい仕事、よりよい結果に導いてくれるきっかけとなります。

アルバイトと一緒に汗を流すエリアマネージャー

店長として、約2年半を現場で過ごし、結果を残すことで評価していただくと、次は「エリアマネージャー」という肩書きをいただくことができました。

エリアマネージャーとは、決められた地域にある数店舗をマネジメントするという役職です。ワタミでは、1人のエリアマネージャーが6～7店舗を担当し、店舗を回りながらマネジメントをするというのが一般的な仕事内容です。

私の場合、**最初は6店舗を任されたのですが、数か月後には、なぜか12店舗という多くの店舗を担当する重責を背負う**ことになりました。

私が店長として働いているときのエリアマネージャーは、たまに現場に顔を出したり、採用の面接をしたり、そのエリアの店舗売上をチェックしたりしている人、という認識でした。

しかし、私が**エリアマネージャーとなり、現場に顔を出すと、忙しそうにしているスタッフを見るだけにとどまらず、現場を手伝う**ことがよくありました。

注文を取ったり、調理したりすることが当たり前になってくると、新人のアルバイトたちは、私がエリアマネージャーと知り、驚いていました。

というのも、エリアマネージャーのなかには、作業ができない人もいたからです。料理の作り方を知らず、ラインに入らずに現場をチェックして回るだけのエリアマネージャーもなかにはいたので、私のように現場にガッツリ入る人はめずらしかったようです。

それが結果として、現場の上司やスタッフたちに感謝してもらえるようになったのです。

私からしたら、「現場が忙しければ手伝う」というのは、当然のことです。

そういう思いでいたことが、現場のスタッフには頼もしい先輩として映っていたと、のちに話してくれました。

一言コメントでスタッフに寄り添う

また、どの店舗の店長も毎日必ず日報を書くという仕事があります。

そして、その日報をエリアマネージャーがチェックします。

私は、自分が担当していた**12店舗の営業前に必ず一言コメントを入れたエリア連絡表を店舗にFAXで送ることをマイルール**にしていました。

あとから聞くと、毎日コメントを添えて返信するエリアマネージャーは私しかいなかったようで、その一言コメントがとても励みになりましたと、多くの店長が喜んでくれていたそうです。

ときには厳しいことも書きましたが、他店舗と比較し、その店舗ならではの弱点を伝えてあげられるのは、エリアマネージャー以外にいません。

たった**一言のコメントが、店長のモチベーションを上げ、そのエリアを盛り上げることに貢献**できたことを嬉しく思います。

当時をよく知る、今でも仲がよい元ワタミのスタッフと話をしたとき、「あのとき、一緒に戦ってくれるエリアマネージャーは、古山さんしかいなかった」と嬉しい言葉を言ってくれました。

私としては当たり前のことをしたまでですが、周りのスタッフからはレアな存在として見えていたようです。

店長からエリアマネージャーになると、現場を離れるというイメージがあります。

しかし、エリアマネージャーが現場を離れなきゃいけないというルールはありません。

むしろ、エリアマネージャーだからこそ、現場に寄り添い、現場の声を聞くことが大事です。そういう意味でも、現場での長い下積み経験をしてきてよかったと思いました。

起業家もサラリーマンも、**真価を試されるのは、出世したとき**です。そういうときこそ、**驕り高ぶらず、部下や後輩に寄り添い、同じ目線で働くことが大事**です。

余談ですが、起業して社長になった今でも、自分の経営するクレープ屋のキッチンで、スタッフと一緒にクレープを焼いたりしています（笑）。

採用は直感でいい

居酒屋でアルバイトをする人というのは、フリーターや学生がメインです。

エリアマネージャーとして、採用面接を担当することも多々ありましたが、「**これから一緒に働く人を選ぶ」という立場で人を見ると、結果として、自分の直感を信じたほうが**

いいことが明確にわかりました。

例えば、あなたも、初対面なのになぜか違和感を抱いたという経験があると思います。これといった理由はないのに、なんとなくモヤモヤした気持ちになったという経験は誰でも一度や二度はあるでしょう。

このモヤモヤの正体こそ、あなたの過去のデータから導かれた直感という名の「警告」です。

ワタミのアルバイトの面接に、髪を金髪に染め、鼻にピアスをした男性が来ました。一見ヤバそうな人だなと思いましたが、いざ話をしてみると、意外にも違和感を抱きません。一方、居酒屋経験もあり、見た目も真面目そうな人でも、いざ話をすると、違和感を抱くという人もいました。

今まで約500名の採用面接をしてきましたが、結果として、最初に抱く直感が当たっていることのほうが多かったです。

そういう経験を繰り返すうちに、さらに自分の直感を信じられるようになりました。

もちろん、そこに至る前では、失敗もたくさんしました。

育ててあげたいと思い、一生懸命指導したのにあっさり辞めてしまったり、信じていたのに裏切られてしまったりと、採用がうまくいかないこともありました。

しかし、そういう失敗の積み重ねがあったからこそ、さらに直感を研ぎ澄ます力を手に入れたのです。

学歴やキャリアや経験など、履歴書だけで人を判断すると、偏見というバイアスにより直感がブレます。

そういうものを抜きにし、フラットになって相手を見ましょう。

現場のトップである人こそ、人を見る目を養う直感力を身につけることが重要なのです。

若い世代と気軽に会話ができていますか？

ワタミのスタッフはどの店舗も10代後半から30代までさまざまな年代の人が働いていました。

仕込みのパートさんを入れると、さらに幅広い年齢層の方たちと関わる機会もありましたが、そのなかで気づいたのは、若い世代ほどフットワークも軽く、頼もしい存在ということです。これは当時も今も変わらない普遍の価値観だと思っています。

若い世代はあらゆるものにおいて、経験値はまだ低いです。

これは一見すると、ネガティブなことだと思われますが、逆です。

経験がない分、偏見を持たず、自由な発想で挑戦できるのです。

年齢を重ねるほど、経験値は上がります。これはよいことでもありますが、過去のデータだけで判断をしてしまうというデメリットも含んでいます。歳を重ねるほど、頭が固くなってしまうのは、過去のデータを更新できていないからです。

それでは、リーダーとして、経営者として、若いスタッフとよい関係性を築くことができません。

年長者になるほど、自分よりも若い世代の人と気軽に話し合える関係性を作っておくことがとても大切です。

Z世代と呼ばれる人たちは、生まれたときからデジタルに触れており、情報を得ることが得意です。そのため、新しい物事をキャッチする能力が優っています。

となると、時代のニーズを知るためには、若い世代から聞くことが一番よいのです。

「最近の若者は〜」が口癖のリーダーには、誰もついて行こうとは思いません。

私もそういう年長者は嫌いでしたし、そういう大人にはなりたくないと、常々思っていました。

だからこそ、**リーダーほど、若い世代から教えていただこうという意識を忘れてはいけない**のです。

私がエリアマネージャーになったとき、私を慕ってくれるスタッフが多かったのは、同じ現場で、同じように戦う私の姿を「同志」だと思っていたと、あるスタッフから聞きました。

若い部下を育てるためには、なにかを教えたり、指示したりすることも大事です。

しかし、**本当に大事なのは、年齢で区別することなく、上司がよい背中を見せてあげること。**ただそれだけなのかもしれません。

営業部長から、突然の「工場勤務」という左遷

エリアマネージャーになり1年半が経った頃、さらに多くの店舗をマネジメントする「営業部長」という肩書きに昇進しました。

慕ってくれるスタッフも多く、サラリーマンとしても「出世街道まっしぐら」であり、周りからは一目置かれる存在であったと思います。

しかし、世の中はそううまくはいきません。

営業部長になったときの上司と馬が合わず、**ワタミの工場へと異動することになってしまったのです。**チームの構想から外されたように感じました。

これを機に、辞めてしまおうかという思いも脳裏をよぎりました。

しかし、大事な仲間もいるし、愛着もあります。

なにより私に自信とチャンスをくれたワタミを自分から捨てることはできませんでした。

工場への異動を承諾し、工場がある兵庫県尼崎市で、毎日始発出勤するという勤務が始まりました。

しかし、このときの判断が、私の人生を大きく変えることになりました。

工場に着き、初めてスタッフたちと顔を合わせると、明らかに存在感のあるおじさんがいました。

カールおじさんとカーネルサンダースを足して2で割り、そこに柄の悪さをちょこっとプラスしたような見た目の男性で、「ヒデじい」というあだ名の工場長でした。

当時、私は29歳。ヒデじいは49歳。

ヒデじいと周りのスタッフは距離があったように見えましたが、私とヒデじいは、親子ほどの年齢差があり、ヒデじいも、私のことを息子のような目で見てくれている気がしました。

というのも、**工場へ異動したばかりの私は、当時の上司に対して、納得できない部分を消化できずにいました。**

ヒデじいは、そんな私の思いに気づいたのか、「ワタミの常識が社会の常識と違うこともあるよな」とか「会社なんてこんなもん」などと、さりげなく励ましてくれたのです。

腐らず働いていると、思いがけない話が……

周りのスタッフは、ヒデじいのことを恐れていました。

たしかに、口は悪いし、すぐ怒ります。私が冗談でいたずらをしたときも、真剣に怒鳴られたことがありました。

しかし、この裏表もない、忖度もしないヒデじいのことを私は好意的に思っていました。

そして、彼は会社という組織で生きるために諦めなければいけないことや、サラリーマンとしての不甲斐なさを理解してくれていました。

私がヒデじいと仲良くすることで、人間関係の流れに変化がありました。

私がヒデじいと工場で働くおばちゃんたちとのパイプになることが増えたのです。

私と楽しそうに話すヒデじいを見て、おばちゃんたちも「ヒデじいの見方が変わった」と言い、それにより、工場に一体感が生まれてきました。

それは私にとって、想定外の嬉しい展開でした。

工場勤務と言われ、辞めようかとも思いましたが、真面目に頑張っていれば、必ず助けてくれる人がいることを、工場のみんなが教えてくれたのです。

工場で働き始めて半年経った頃、また思いがけないことが起こりました。

突然、ヒデじいに呼び出され、こう言われたのです。

「香港と台湾、どっちがええ？　お前の性格は海外に向いとるから、どっちか好きなほうへ行ってこい！」

言葉と思考が追いつきませんでしたが、つまりは、ワタミの香港工場に行くことをヒデじいから提案されたのです。

Part

2

香港人から教わった「世界基準の仕事術」

目の前に立ち塞がる高い壁も、
俯瞰すれば、見え方は変わる。
日本という国も、
世界という視点で眺めれば、
見え方がガラリと変わってくる。

中国語がまったく話せないのに、突然の香港勤務

突然の提案に、動揺しました。国内ならまだしも、国外への異動です。

しかし、尊敬する人からの提案を断ることはできません。

右も左もわからない工場勤務で、いろいろなことを教えてもらったヒデじいに太鼓判を押されては、香港行きを断るわけにはいきませんでした。


その後、香港行きが公になると、工場のスタッフたちはみんな喜んでくれ、盛大に送別会をしてくれました。

そして、200人のスタッフとヒデじいに見送られながら、私は香港へと旅立ちました。


香港で働くことはとても不安でした。

まずは言語の問題です。

今まで広東語など話したことも聞いたこともなく、学んだこともありません。

しかし、大学中退というハンデを背負いながらも、ここまでやれてきたという自負はありました。だから、頑張ればどうにか乗り切れるような気はしていました。

当時、香港のワタミは10店舗。その10店舗を賄う工場ということは、そこまで大規模ではないと予測しました。

さらに、工場での仕事はだいたい理解していたので、言語の壁さえ乗り越えれば、そこまでむずかしいことはないと思ったのです。

3日でホームシックに

飛行機で約5時間。

空港に到着すると、まず驚いたのが香港のビルの高さでした。

首が痛くなるほど高いビル群に圧迫され、本当にここでやっていけるかなと不安になりました。そして、その予感は的中。到着してわずか3日でホームシックになってしまったのです。

大きな理由は、やはり言語における文化の違いでした。

香港に行ったことがある人はわかると思いますが、香港の人は初対面の人でも平気で「ああん?」とか「は?」などと言います。

舌打ちもゲップも誰にでも普通にすることに、面食らってしまったのです。

さらには、香港の湿度です。

香港は日本と比べて湿度が高く、空港に到着したときから、空気が重い気がしました。今でこそ慣れましたが、当時の私は、到着して早々、香港に対してネガティブな印象ばかりが深く刻み込まれてしまったのです。

さらには、香港に住んでみると、改めて日本の清潔さに気づきました。

日本という国はインフラも整っており、平和で住みやすい国です。

そんなことを考えると、ホームシックにならざるを得なかったのです。

しかし、若かったこともあり、環境への順応性はありました。

1週間、1か月と香港で過ごすうちに、次第に香港の風土にも慣れていきました。

忖度や遠慮がない香港人

香港人と話す機会が増えると、発言力の違いに驚かされました。

香港人は相手が誰であれ、自分の意見をはっきりと口にします。

相手が上司であれ、社長であれ、自分はこうだと思えば、それを相手に伝えます。むしろ、**言わないほうがリスクになると考えているから**です。

かたや、日本人は自分の意見を言うことのほうがリスクと考え、なるべく相手に合わせます。その裏で相手のことを悪く言ったり、不平不満を漏らしたりする人もいます。

私自身、相手によって態度を変える人が苦手だったので、そういう裏表がない世界観で会話ができる香港人に、次第に居心地のよさを覚えました。

私が関西人ということもあり、日本人のなかでも、どちらかといえばはっきりと物事を言うタイプだと思います。

だからこそ、**裏表なく、自己主張できる香港人に、好感**を抱いたのです。


香港人を見ていると、日本がいかに遠慮や謙遜、社交辞令といった表面上の会話をしているかということが理解できました。

日本はいわずと知れた同調社会です。

みんなが右と言えば、なにも考えず右に行き、みんなが左と言えば、左に行きます。

「他に意見がある人いますか?」と言っても、なかなか手が上がらないし、「××さんと同じ意見です」と言うことが一般的で正しいとされています。

そのせいか、自分の意見を言うことに抵抗を持ったまま大人になってしまいます。


日本にはディベートする環境がありません。

意見を言い合い、討論するという機会がないまま教育され、社会に出ます。

だからこそ、社会に出て「人前で話すのが苦手」とか「自分の意見を言えない」という人が多いのです。

そうなってしまうのは、日本ならではの思想と教育のせいでしょう。

日本人の繊細さ、奥ゆかしさは素晴らしい文化です。

しかし、世界でビジネスをするには、自分の意見をはっきりと相手に伝えることが大前提であることを忘れてはいけません。

相手が誰であろうと、自分の意見は伝えること。

それはビジネスの基礎であり、今の日本にも必要な考え方ではないでしょうか。

世界基準から見た日本

香港に住むまでは、海外旅行には数回行ったことがある程度で、日本以外の国のことを深く知るという機会はありませんでした。

そのせいか、日本の基準が世界の基準だと思っていたのです。

しかし、香港で働くことをきっかけに、アジアやヨーロッパ、アメリカなどにも行くことが増えると、いかに日本が特殊であることに気づかされました。

『ワンピース』を読んだことがある人は知っていると思いますが、このなかで、日本（ワノ国）は「鎖国国家」として登場しています。

日本を世界政府から鎖国をしていると描いた尾田栄一郎さんの捉え方に、私は深く賛同しました。

たしかに、日本の思想はある意味鎖国状態であり、他の意見を受け付けない独占国家のように見えます。

「どの国へ行っても、スタンダードの思想はほぼ一緒。なのに、日本だけが違う」

この状態はまさに『ワンピース』で描かれた鎖国国家そのものです。

例えば、日本では、誰かがなにかに失敗したら、「ほら見てみいや」とか「だから、やめろって言ったのに」などと言われるのがオチでしょう。

その言葉のせいで、**日本人は「失敗できない、恥をかきたくない」と思い、チャレンジできない人で溢れています。**

挑戦したことを評価するのが世界基準

しかし、たとえ**失敗しても、トライしたことを褒めてくれるのが、日本以外の国のスタンダード**です。

それだけ見ても、日本がいかにおかしな感覚を持っているかがわかりますよね。

そういう民族性もあり、今の日本人はとても現実主義です。

挑戦する前から、「どうせ無理だろう」と思い、夢や目的を持つことすらしない人も多いです。

しかし、一歩世界に出たら、絶対にそうは思わないでしょう。

もし今この日本で働くことに夢を持てないと思う人がいたら、ぜひ一度海外で働いてみるのもよい手でしょう。

日本にいれば、日本のことしかわからないのは当然です。

しかし、**世界に出てみると、日本が独特であることを知ることができ、それがまた、あなたの生きる活力につながる**はずです。

あなたはまだまだ多くの可能性を秘めています。

自分らしく生きるためにも、ぜひ勇気を持って行動してくださいね。

プライドは低く、腰は高く

香港工場で働き始めたときの最初の上司は、細かいところにも目が行き届き、広東語も上手な仕事ができる人でした。

すでに香港で長く働いている人で、キャリアも年齢も上でしたが、私はなんとなく苦手意識を抱いていました。

しかし、意外にも「古山くん、ここがわからないから教えて」とか「この分野は苦手だから任せる」など、人に質問ができる人でした。そういう意味で、プライドを振りかざすこともなく、素直な人だなあと認識していました。

一方、後輩の男性は、とても腰が低い人でした。

いかにもとっつきやすいタイプの人で、周りの人たちからも好かれていました。

仕事も付き人のような細かい動きができるし、なにかと重宝される存在でした。

しかし、ミスを指摘されると責任逃れの言い訳をしたり、相手を認められなかったりと、態度が変わりました。彼はとてもプライドが高かったのです。悪い意味でギャップを知ってしまい、なんとも残念な気持ちになったことを覚えています。

突然ですが、ひとつ質問をします。
あなたは自分はどちらに属すると思いますか。

「腰は低いが、プライドは高い人」
「腰は高いが、プライドは低い人」

自分で判断するのはなかなかむずかしいかもしれませんし、この答えに正解はありません。

しかし、**いくつになっても成長できる人は、間違いなく「腰は高いが、プライドが低い人」**です。

自分の無知や無能を素直に認められる人は、成功する

経営者となり、さまざまな成功者と話をするなかで思うのは、自信がある人ほど、わか

らないことを素直に聞くということです。

自分の無知・無能を素直に認められる人こそ、多くを学ぶことができ、さらに成長・進化し続けることができます。だからこそ、長い間、成功者でいられるのです。


ビジネスにおいて、プライドを持つことは大事です。

しかし、その**プライドを毒にするか薬にするかは自分次第**です。


恥をかきたくない、バカだと思われたくないと思ってしまうと、プライドが邪魔をして、挑戦することができません。

成長したいと思うなら、いったんプライドを捨て、謙虚な気持ちで学びましょう。


そのためにも、自分にはまだまだ知らないことがたくさんあると認めること。

そのうえで、**わからないことは素直に聞ける謙虚さを持つことが、いくつになっても成長し続け、成功するための条件**です。

学ぶことが選択肢を増やす

「日本を出て、世界で働いてみたい」と考えている人もたくさんいます。

特に若い世代は、働くことに対して意識が高く、将来を見越し、早々と「新卒で働いた会社は3年で辞めよう」と決めている人もいます。

しかし、実際になにをしたらいいか、なにを準備したらいいかわからない人が多いでしょう。

そういうときにどれだけ自分のパワーアップに時間を投資できるかが大事です。

やりたいことが見つかったときに、すぐにスタートできる準備をしておきましょう。

やりたいことが海外にありそうなら、事前に言語は勉強しておくべきです。

海外でビジネスをするために、まず越えなければいけないのは言語の壁です。

私は香港に移住してから、すぐ広東語の学校に通い、先生とマンツーマンで教えてもらいました。

それまでは、常に通訳をつけてもらっていましたが、次第に言語を理解するようになると、「通訳さん、ちょっとそれ違うよ」と思えるまで、広東語を理解できるようになりました。

しかしながら、新しい言語をマスターするまではとても苦労しました。

慣れない国や新しい仕事で疲れてしまうし、睡眠時間も取りたいです。

だからこそ、香港に来る前に、少しでも広東語を学んでおけばなあと後悔したことを覚えています。

日本にいるうちに、その国の言語をマスターしておけば気持ち的にも安心でしょう。

もちろん、現地に移動した後も勉強し続けることが大事です。

その言語しか話さない、聞かないという環境に身を置くことで、その言語をより集中的に学ぶことができます。

また、どこの国で働きたいかわからない人は、海外で実際に働いている人たちが集まるコミュニティーなどに参加し、話を聞くのも良策です。

それでも決められないなら、まずは世界の共通語である英語を勉強しておくというのもいいでしょう。


自分の武器は多ければ多いほど、未来の自分を助けてくれます。

そのためにも、学ぶことに能動的になりましょう。

組織の上に立つ、香港の女性たち

日本における専業主婦の割合は年々減っているそうです。

子どもがいれば、夫婦二馬力で働かないと厳しい世の中であるため、子育てをしながら働く女性が多いことも当然のことでしょう。

しかし、日本では女性がトップに立つという企業はまだまだ少ないです。

その理由は子育てをしながら働く女性の環境が整っていないからだと思います。


香港では多くの家庭にヘルパーさんがいます。

富裕層に限らず、一般の家庭でも利用できる「ヘルパー制度」が充実しているため、奥さんが仕事をしている間、ヘルパーさんに子どもを見てもらったり、料理や掃除などの家事全般を任せることができます。


つまり、女性が安心して働ける環境が、国により保障されているというわけです。

そのため、香港では社会で活躍する女性が非常に多く、ワタミでも子育てをしながら女性たちがイキイキと働いていました。


昭和の日本には、「女性は男性を立てる」とか「女性は男性の三歩後ろを歩く」という日本ならではの「男尊女卑」という文化が存在しました。

今この時代で、そんなことを言う人はほとんどいませんが、いまだにそのような思考が根付いている人がいるのも事実でしょう。

しかし、世界では、「女性が男性を立てる」という文化を持っている国は少ないように感じます。


香港に来てから、上司である私に対して、**噛みついてくる女性もたくさんいましたが、素直に意見を言い合えるほうがお互いにストレスを溜めずに済むと思っていたので、私にとっては苦ではありません**でした。


とかく香港は、強い女性が多いです。

結婚・出産した後もすぐに社会復帰をする方が多く、専業主婦はあまりいません。

そのため、キャリアを積み、男性よりも役職が高い女性が多いのも特徴的です。

また細かいところまで、緻密に細かく計算することができ、お金を管理する能力に長けている女性がとても多いです。

そういう意味でも、香港の女性は、ビジネスにおいてとてもありがたい存在です。

今の日本はジェンダーレスやダイバーシティという言葉をよく使いますが、そういう言葉自体にすでに偏見があるような気がしてなりません。

みんながもっと公平にフラットに仕事ができる世の中になれば、そんな言葉が出ることもないでしょう。

今こそ、日本も変化するべきタイミングが来ているような気がしてなりません。

ビジネスで大事にしている「3S」とは

香港に来たことで、私のなかに根付いていたビジネスに対する価値観が少しずつ変化していきました。香港という国の凄まじい熱量とスピード感を肌で感じたからです。

香港でもっとも仕事がしやすいと実感したのは、移動時間が少ないことでした。

香港は地下鉄やバス、ミニバス、タクシーなど交通網が充実しており、運賃も安いです。タクシーで5000～6000円払えば、香港の端から端まで行けるほど、移動にお金がかかりません。

移動時間が減れば1日にできる仕事も増えます。当然、1日3人しか会えないより、10人と会ったほうが効率がよく、仕事の可能性は広がります。

日本ではいつも移動時間が無駄だなと思っていました。

1時間以上かけて満員電車に乗り通勤する人もたくさんいますし、乗車料金もバカになりません。

関西でエリアマネージャーとして働いていたときも、「もっと近くに店舗があればすぐ行けるのになあ」とか「この通勤時間を睡眠時間に充てたい」などと思っていたので、そういう意味でも、香港は利便性がよく、効率的に仕事ができる国だと実感しました。

ビジネスを加速するためには「3S（即断、即決、即行動）」が重要です。

これはのちに私の会社の経営理念となりましたが、そのくらいビジネスをするうえで必要なのは、スピード感であると断言できます。

香港では日本より数倍の早さでビジネスが動きます。

この香港の特性が、もともとせっかちだった私の性格に合っていたようで、香港のスピードにうまく乗っかることができたのです。

きちんと準備をするから、チャンスを逃している日本人

迷っている時間があれば、すぐ行動し、ダメだと思ったらすぐ引く。

「できる、できない」を判断するにも、諦める理由を見つけるためにも、まずは行動しやってみることで答えを探すこと。

これこそが世界基準で働く人に必要なビジネススキルです。

日本人は慎重な人が多く、なにをするにもきちんと準備をしてから動こうとします。

しかし、あまりにも慎重になりすぎて、行動するまでに長い時間を要します。

その結果、「石橋を叩きすぎて渡れなかった」なんていう人も多いです。

慎重に物事を進めることは素晴らしいですが、その丁寧さがときに仇となることを覚えておきましょう。

特に流れが早いこの時代においては、常に新しいものをキャッチし取り入れるフットワークの軽さとスピード感が必要です。

そのためにも「3S（即断、即決、即行動）」の精神を持つことがとても大事です。

とはいえ、「とにかくなんでも早くやったほうがいい」と言っているわけではありません。

「急ぐ」と「焦る」は違います。

「急ぐ」というのは、冷静に考えて効率的に動くことですが、「焦る」というのは、冷静でいられず、無駄な動きをしてしまうことです。

「3S（即断、即決、即行動）」の根底には「焦るのではなく、急ぐ」という考え方があることを忘れてはいけません。

挫折が人生を変えてくれる

「傷つくのが怖い」
「失敗したくない」
「恥をかきたくない」

そう思い、新しいことに挑戦できない人がいます。正直に言うと、以前は私もそういうタイプでした。プライドもあったし、擦り傷さえ見せたくないと思っていたのです。

しかし、大学中退という経験で、それまで大切に抱いていたプライドを一旦捨てました。いや、捨てたというか、勝手に捨てられてしまったのです。

プライドという鎧を脱ぐと、身軽になることを知りました。

そして、鎧を脱いだときの自分が本当の自分と知ると、おのずと自分が本当にやりたいことが見えてきたのです。

つまり、挫折の経験が本当の自分を導き出し、その後の人生を変えてくれたともいえます。

誰でも一度は、挫折の経験があるでしょう。

しかし、**挫折と思っていたことも、本来の自分に出会うためのきっかけと捉える**ことができれば、そこから見える景色が変わります。

だからこそ「あんなことをやってみたい」「こんなことに挑戦したい」という思いが芽生えたら、まずはその物事にどっぷりとのめり込みましょう。

自分でやると決めたことを、とにかく一度真剣にやってみるのです。1週間や1か月といった短期間でもいい。どれだけ真剣にのめり込めるかが重要であり、それがその後の人生のヒントになります。

人の倍速で失敗しよう

私も大学時代はとにかく模索していました。「これがやりたい」と思えるものがなく、かといって、「これができる」と堂々と言えるものもありませんでした。自分の未来はどうなるのか、私にはなにができるのかが本当にわからなかったのです。

以前の私のように思い悩んでいる方もいると思います。

そういう人に伝えたいのは、まずは**少しでも心が動いたものがあれば、どんどん挑戦してみて欲しいということ。その行動が次の扉を開けてくれます。**

自分がやりたいことを一度のめり込んでやってみると、「あれ、思っていたのと違う」とか思うこともあるでしょう。そういう場合は、潔く手放しましょう。

その切り離しができるからこそ、さらに多くのことに挑戦できます。

人の倍速で挑戦するほど、倍速で人生が進みます。

ときに失敗しても、その失敗こそが学びであり、人生が後退することにはなりません。


人の倍速で失敗しましょう。

あなたが成功するチャンスを倍速で増やしてくれるはずです。

お金を貯める日本人とお金を増やす香港人

香港人と日本人の圧倒的な違いは、お金への意識です。

例えば、日本では子どもがお年玉をもらったら、親から「無駄使いしちゃだめよ」と言われますが、香港では「株を買いなさい」と言われるのが一般的です。

「貯蓄に回す日本人」と「投資をする香港人」。

この違いが、お金への意識や価値観の差を生み出していることを知りました。

香港に住む知り合いは、15歳のとき、お年玉とお小遣いを合わせて株を買い、30歳で一軒家を一括購入したそうです。「なにがきっかけで株を始めたの?」と聞くと、「父が株を買いなさいと言ったから」と教えてくれました。

香港では、親が株を買うことを子どもにすすめるのが一般的で、自分で選び、買った株がどのように増えていくかを可視化することが、お金の教育につながっているようです。

周りのスタッフに聞いても、多くの人が「古山さん、**子どもの頃から株を買うのは普通ですよ**」と話してくれました。

また、香港以外の外国人に聞いても、同じように答える人が多かったです。

日本では、お金は「貯める」ことがよしとされており、お金を「増やす」という感覚を持っている人のほうが少ないです。

つまり、お金を貯めることを美徳とする文化も、日本ならではの独特な考え方なのです。

日本人は「世界基準のお金の知識」を知らない

日本の学校には、お金の授業はありません。かといって、香港の学校にお金の授業があるわけでもありません。

しかしながら、明らかに香港の人のほうがお金への意識が高いです。この差は、親が持つお金への意識であり、家庭内の教育の差から生まれる文化の違いです。

そうなってしまうのは、社会の構造が大きな原因です。

日本では、誰でも健康保険証が交付されます。病院に行きたいと思ったら、保険証を持って病院に行けば、誰でも受診できます。

しかし、香港は健康保険証がありません。

なにかあったときに保証してくれるものがないから、最低限の保障ができる医療保険を自分で選んで買う必要があります。

また、香港で、老後の生活保障「ＭＰＦ」ができたのは２０００年です。
つまり、20年前は老後の生活を保障してくれる制度がありませんでした。

この「ＭＰＦ」もまた投資であり、どのファンドを何パーセント買うか自分で選択します。香港は国が保障してくれない分、自分の身は自分で守らなければなりません。

こうした実情を知ると、いかに**日本という国がお金に対して親切であり、過保護**であるかがわかりますよね。

日本の制度は、保険でも年金でも、なんでも国がやってあげますというスタンスです。
この違いが**お金の知識を知らない日本人を生み出しています。**

日本の制度と、世界の制度が同じ仕組みだと思っていると、いざ世界で勝負しようとしたとき、非常に不利になります。

もしあなたがいつか世界で挑戦したいと思うなら、こうした世界基準のお金の知識を学んでおくべきでしょう。

今、日本でも株や投資を始める人もたくさんいます。

そういった本もたくさんありますので、そういうものを読んで勉強をし、少額でもいいので株を買うという経験を若いうちからするとよいでしょう。

自分で選んで買った株がどうなっていくかを見ているだけでも、お金への意識は変わるはずです。

香港に移住し、世界の常識を知ったことと、改めて「香港に来てよかった」と思いました。

私を工場に異動させた上司に対し、最初はモヤモヤとした気持ちが拭えませんでしたが、結果として、それが香港に来るきっかけを作ってくれました。

香港という国を知れば知るほど、「ここで私を働かせてくれてありがとうございます」と感謝するようになったのです。

次第に、「ここで起業してみたい。勝負してみたい」という気持ちが芽生えてきました。

そして、香港に来て、7年後の2014年。

ビジネスの真髄を教えてもらい、私の人生を変えてくれたワタミグループを辞め、独立することを決意したのです。

Part

3

画用紙1枚起業法で、世界で活躍する社長になろう

誰もが認める成功者も、
歴史に名を残す著名人も、
紙とペンを持たずに、
成功を掴んだ人はいない。

1枚の画用紙から始める「起業のすすめ」

「起業したい」と思う人はたくさんいます。

しかし、実際にどうしたらいいかわからない人も多いでしょう。


私も同じでした。

多少なりとも香港のことを知ったからといって、なにをどうやって起業したらいいかはわかりませんでした。

しかし、「あーでもない、こーでもない」と考えていても埒があきません。

頭でぼんやりと考えていても前に進まないと思い、頭に思いつくことを紙に書いて可視化しようと考えました。


そこで、まずはノートに思ったことを書き始めました。

すると、A4のノートでは書き切れないことに気づき、次は、画用紙を買ってきました。

目の前に広げられた大きな画用紙を見ると、無意識に「余白を埋めたい」という気持ちになり、Ａ４のノートより画用紙のほうが、使う脳みその広さが変わることに気づいたのです。

大きな机に広げることができるＡ２サイズの画用紙に、次の３点を思いつくまま書いてみました。

- **強み**（起業するにあたり、役立ちそうな自分の資格やキャリア）
- **弱み**（起業するにあたり、人にお願いしたい自分の苦手な分野）
- **人脈**（起業するにあたり、助けてくれそうな自分の人脈）

すると、「この私の強みと、あの人脈はつなげることができるかも？」とか「苦手なこれはあの人にお願いしてみよう」など、自分の強み弱みを把握したうえで、どんなジャンルの仕事ができそうかが少しずつ見えてきたのです。

自分の「強み」「弱み」「人脈」を知ろう

もしあなたが起業したいと思うなら、まずは大きな画用紙を買ってみてください。そこに「強み」「弱み」「人脈」と書き、思いつくすべてのことを書き出してみましょう。

すると、自分が挑戦できそうなこと、やってみたいことなどが見えてきます。

そのうえで、具体的に目指すジャンルを絞るとよいでしょう。

また、**「自分の強みがわからない」という人がいますが、誰でも必ず強みを持っています。まだそのことに自分自身が気づいていないだけ**です。

まずは、自分の今までの人生を振り返ってみてください。

幼少期や学生時代、時間を忘れて熱中した物事はありませんか。

「時間を忘れて本を読んでいた」とか「手紙を書くことが大好きだった」など、損得やお金に関係なく、夢中になった物事はあなたが得意なことであり、強みとなる可能性は高いです。

また、大人になってから、人からよく頼まれることはありませんか。

「チームのリーダーを頼まれることが多い」とか「資料の整理を依頼されることが増えた」など、そういうものは、他人から見てあなたが得意だと思われている物事です。

このように、自問自答しながら、あなたの強みを見つけてみましょう。

また、自分の強みとあわせて、弱みを知ることも重要です。

自分の弱みとは、自分の苦手な領域、不得意な分野のことです。

例えば、「経理が苦手」と思ったら、経理が得意な人を探しましょう。**ビジネスは、プロに任せることも大事**です。

そのためにも、**自分の弱みを自覚しておく必要**があります。

「人脈」を書く際は、現在、連絡を取れる人だけに絞りましょう。

知っているだけで、連絡がつかない人を書いても意味がありません。

さらには、その人が今、なにをしているかがわかればそれもあわせて書きましょう。

このように、自分の強み、弱み、人脈を可視化し、あなたが起業するためのサービスの解像度を高めていきましょう。

香港での起業

自分の棚卸しをし、思考錯誤を繰り返しながら、「G－JOYFUL LIMITED」を2014年11月に設立しました。

まさか香港で自分の会社を設立するとは思っていませんでしたが、ワタミを通じて学んだビジネスの真髄を、この香港を舞台に試すべき機会が整ったのです。

自分の強みを棚卸しした際、私は人と話すことだけは好きであり、得意だなあと思っていたので、それをどうにかビジネスに活かしたいと思いました。

そこで、香港で築いた人脈を活かし、企業や個人のお困り事を解決することが、ビジネスになるのではないかと考えました。


そんななか、目をつけたのが「保険」でした。

というのも、香港に住む日本人は、どんな保険に入ったらいいか迷う人がとても多く、相談に乗ることが多かったからです。


そこで、保険代理人資格を取得。

金融知識がない日本人向けに香港の保険を紹介しつつ、金融のリテラシーについて詳しく伝えるという位置付けで、2015年12月にManulife Hong Kongと保険代理人契約をしました。

その後、保険を紹介するだけでなく、コンサルもプラスしていくと、今までにないビジネスだと口コミで広がり、売上は順調に伸び始めたのです。

まずは価格表を作ろう

そのとき、ビジネスの肝になったのが、価格表でした。

これを最初に作ったことがビジネスを広げる多くのチャンスをくれたのです。

ビジネスとは、いつどんなタイミングで発注が来るかがわかりません。

たまたま出会った人との雑談から、仕事をお願いされるなんてことは、往々にしてあります。

そのとき、**価格表がないと具体的な説明ができず、ビジネスが進みません。**

まずは、保険の内容が明確にわかる価格を書面化し、いつでもすぐに渡せるように持ち歩きました。それがあるだけで、相手に信頼を与え、ビジネスが加速することを実感したのです。

あなたが誰かに仕事をお願いしたいとき、相手はいくらでなにができるのかがわからないと、仕事をお願いできませんよね。

そうなると、「だったら違う人にお願いしよう」とか「いつもの人でいいや」などと思われてしまいます。それでは、非常にもったいないです。

起業する際、最優先でやるべきことは、あなたのサービスの内容を決め、価格表を作ることです。

そして、その価格表を持ち歩き、いつどんなときもさっと渡せるように用意しておきましょう。

「言い値」でやり続けるビジネスは信用を得られませんし、なにかあったときにトラブルや揉め事の原因になります。

相手との信頼性を高めるためにも、問題のリスクを下げるためにも、まずは価格表を作り、サービスを周知させることに徹しましょう。

ナンバーワンをリサーチしよう

価格表を作る際に必要なのは、市場調査です。

そのマーケットが今どういう状況なのかを知ることが、価格を決める際の基準となります。

そのなかで押さえておきたいのが、その市場におけるナンバーワンはどこかということ。**そこを調べずに、その市場を深く知ることはできません。**

まずは、あなたがやりたいと思ったビジネスをすでにやっている企業や人を探し、そのなかのナンバーワンを調べましょう。

そして、そこのホームページやSNSなどをくまなくチェックします。

すると、サービス内容と価格の相場が見えてきます。そのうえで、自分のサービスの価格表を作りましょう。

また、**業界のトップのボトルネックを探ることも忘れてはいけません。**

そこを掴むことができたら、それを補うサービスを作っていきましょう。

それが唯一無二のサービスとなるはずです。

ゼロからすべてを作り上げることはむずかしいですが、既存のものになにかをプラスすることなら誰でもできます。

そして、これこそが売れるビジネスを構築するコツです。

あなたがやりたいビジネスがまだどこにも見当たらないという場合は、市場調査ができません。もちろん、ブルーオーシャンとなり大成功する可能性もありますが、起業の達人でもない限り、新しい市場を個人で展開するのは、なかなかハードルが高い気はします。

であれば、**既存の市場のなかに自分の強みを加えてオリジナルのサービスを作るほうがリスクも低く、成功する可能性は高い**です。

そのためにも、ナンバーワンを徹底的に調査すること。そこから始めてみてください。

「ゼロ」から「イチ」を生み出す必要はない

香港で事業を立ち上げると、起業したい人たちが相談に来る機会が増えました。

しかし、「どんなサービスにしたらいいかわからない」という悩みにぶつかり、行動できずにいる人がとても多かったです。

たしかに、起業するためには、新しいサービスが必要と考えます。

しかし、先ほども伝えた通り、今あるものに新しいコンテンツをプラスするほうが成功する率は上がります。

そもそも、現存するビジネスの多くは、ゼロからクリエイトしたものではなく、誰かが考えたビジネスをスライドさせて作られたものがほとんどです。

ワタミ時代に渡邉美樹さんから「『新しい』という漢字は『立つ木に斧を入れる』と書く。つまり、既存のものになにかをプラスすること自体が『新しいこと』だ」と教わりました。

起業するために、新たになにかを始めたり、学んだりする人がいます。

しかし、**今あなたができることをスライドさせたサービスを作るほうがリスクを最小化**できますし、なにより自信を持って進めることができます。


また、すでに起業をしているが、思うような結果が出ないと悩んでいるのなら、そのマーケットの調査が足りていない可能性が高いです。


例えば、あなたが居酒屋を経営していて、思うような結果が出ないというなら、まずはあなたの居酒屋付近でもっとも繁盛している店舗に足を運んでみましょう。

店内の様子やお客様の雰囲気に触れることで、なにかしらのヒントを得られるはずです。

また、「この料理の原価はいくらだろう？」とか「この材料なら、こういう料理を作ったほうがいいかもしれない」など、あなたならではの新しいメニューやアイデアが生まれてくることもあります。

まずは、あなたが起業したいと思う業種に対し、普段からアンテナを立てましょう。

それが習慣化すれば、おのずとクリエイト力が磨かれ、あなたが起業する際のサービスを作る手助けになります。

人脈のエキスパート「アジアのドブネズミ」

私の起業人生を語る際、忘れてはいけないのが「アジアのドブネズミ」と呼ばれた友達です。

彼はシンガポールで起業し、成功した日本人です。ワタミの外注先として、ワタミのミステリーカスタマー（店舗の覆面調査）をやってくれたことがきっかけで、シンガポールで出会いました。

彼のすごいところは、人脈だけでビジネスを成功させたという点です。

彼は単身でシンガポールに渡ると、とにかく多くの人に会い、どんな仕事をしているかを徹底的に調べたそうです。

そして、相手が欲しい人材やサービスとコネクトするという仕事で、生活費の高いシンガポールで生き延びてきました。

つまり、**自分のノウハウやキャリアを生かす方法で起業したのではなく、人と人とをつなげる紹介業だけで成功**したのです。

彼はドイツ人と日本人のハーフでとても男前です。

他人の懐にスッと入るのが得意で人懐っこい性格をしていました。

友達の私から見たら、そういうキャラクターこそが彼の強みであるとわかりますし、その強みを最大限に生かせたから成功できたとわかります。

しかし、彼は自分の強みに気づいておらず、「僕に強みなんてなにもない。人脈だけでやってこられた」と言い続けています。

そんな彼を長きにわたって見ていると、**自分のキャラクターを上手に活かせば、こんなにも成功することができる**ということを教わった気がします。

そして、世の中には、彼のような性格の人も多いです。

「これといった得意分野もスキルもないけど、人と話すことだけは好き」とか「相性のよさそうな人同士をつなげるのが得意」など、人とコミュニケーションをとることが好きな人は、彼のような紹介ビジネスを展開するのもひとつの手です。

ちなみに、「アジアのドブネズミ」というあだ名をつけたのは私ではありません。

日本に有名な霊媒師がいると聞き、視てもらう機会に恵まれ、「あなたはサラリーマンには向いていない」と言われたことが、私が起業するための背中を押してくれました。

霊視してもらっているときに、この霊媒師を紹介してくれた、シンガポールの彼のことを聞いたところ、「彼はドブネズミのように生きていける人」と言われました。

アジアという広い国で図太く生きるドブネズミのようだと言われたことは、彼にとって褒め言葉でした。

それからというもの、仲間たちから「アジアのドブネズミ」と呼ばれ、今でもみんなから親しまれています。

準備は2割でいい

アジアのドブネズミと呼ばれた彼のように、単身で海外に渡り、ビジネスを成功させる人もいますが、多くの人は、「突然、環境を変えるのは現実的にむずかしい」と思うのが普通ではないでしょうか。

家族や親がいたりして、今の仕事を辞めること自体むずかしい人からしたら、海外でビジネスをするなんて、夢のまた夢と思うでしょう。

しかし、起業するために、今の環境をガラリと変える必要はありません。

今の仕事をやりつつ、少しずつ自分のやりたいことにシフトチェンジしていくやり方が、リスクを最小限に抑えながらできる効率のよい起業法だと思います。

今のビジネスをやりつつ、同時に挑戦したいことを副業として始めてみましょう。
その後、副業が安定したら、メインの仕事を辞め、副業にシフトするのです。
そんな流れを見立てながら、起業の準備を進めましょう。

その際、大事なのは、「2割で動く」ということです。

なにかを始めようとするとき、多くの人は、「××を完璧にマスターしてから始めよう」とか「自分に自信が持てたらスタートしよう」などと考えます。

しかし、**ビジネスを始める際、100点の自分になってからスタートする必要はありません。**

2割くらいの準備でいいから、**行動しながら考え、失敗し、ブラッシュアップを繰り返しながら進める**ほうが、より早くそのジャンルの真髄にたどり着くことができます。

準備をしながら飛び込み、泳ぎながらビジネスを完成させる

真面目な人ほど、完璧な自分を目指し、そこからスタートしようとします。

しかし、この世の中に「完璧な人」などいるでしょうか。

なにを勉強しようと、どんな努力を積もうと、人の可能性は無限です。

だからこそ、完璧な自分、100点満点の自分には届きません。そう理解していれば、行動するハードルは下がるでしょう。


今の時代は、なにをするにもスピード勝負です。

準備をしながら飛び込み、完成させていくというスタイルでないと時代の早さには追いつけません。

まずは、飛び込む場所を決めて、飛び込み台を設定し、そこに飛び込みましょう。飛び込んだ後に、もがきながら、次の二手三手を考え、泳ぎ続けるのです。

そういう思考で動くことがデフォルトになると、自然と、飛び込み方のコツが掴めます。

「もう少し右の角度で飛び込んだほうが進みが早い」とか「飛び込み台はこういう向きに調整したほうがいい」など、飛び込み方の精度を肌で知ることができるようになります。

今、日本でも副業可能な企業が増えています。

「サラリーマンを辞めて起業したい」と思うなら、まずは副業としてスタートさせてみてはいかがでしょうか。

まずは、2割の準備でいいから、動くこと。
それこそが、あなたが起業し、成功するための近道です。

ビジネスは「つながり」と「広がり」が大事

香港の知り合いに、お菓子の紹介ビジネスやレンタルオフィス、節電・節水に関するビジネス代行など、さまざまなジャンルの紹介業などを行っている人がいました。

しかし、個人事業として請け負っていたせいか、思うような売上が出ないと悩んでいました。

「どうして法人にしないの？」と聞くと、そこまでの勇気が出ないと言います。

しかし、「会社はおもちゃ箱みたいなもんだからさ。いろいろなものを入れておく場所が必要だよ」と言うと、「それを聞いて覚悟が決まりました」と、その後、すぐに法人化したと彼から連絡をもらいました。

彼の迅速な行動に感心したと同時に、彼が行っている節水・節電のビジネスは、私が働いていたワタミにとって役に立つのではないかと思いました。

すぐに彼に連絡し、ワタミを紹介したいと提案しました。

そして、ワタミの責任者と彼をつなぐと、すぐに契約が成立。その後、ワタミの全店舗で、彼のビジネスを利用することになったのです。

彼は「古山さんに法人化の背中を押してもらい、ワタミを紹介してくれたことで、僕の人生が変わった」と喜んでくれました。

しかし、彼のビジネスが「節電・節水」という、つながりやすく広がりやすいビジネスだったことが成功の肝になったのです。

ビジネスで重要なのは、「つながり」と「広がり」です。どんなに素晴らしいビジネスでも、これがなければ、ビジネスを加速することはできません。

私は「つながり」と「広がり」という可能性がないビジネスには手を出さないと決めています。

たとえ一過性で高額の利益を生み出せるとしても、「つながり」と「広がり」が見えないものには、興味がありませんし、おもしろいとは思えません。

例えば、日本で飲食事業を行う場合、日本の店舗がその後、海外でも出店することを想定しながら出店します。いつかこの飲食事業が海外へとつながり、海外で広がることを見立てながらビジネスを展開しているのです。

コンサル事業においても、同じです。

海外に進出する人向けに事業をしていますが、彼らが海外に進出した後、事業構築や人材獲得、海外投資など、その後のビジネスにつながるような展開を見立てた事業を提案することも積極的に行っています。

つまり、ひとつの事業、ひとつのサービスを提供して終わりではなく、その後のビジネスへとつながることを意図しながら、ビジネスを展開しているのです。

そうすることで、私自身もさまざまなことを学べ、そして、それがお客様を喜ばせることにもつながります。

あなたがやりたいと思うビジネスは、その後の展開につながり、さらに広がる可能性があるサービスでしょうか。

その視点を持ちながら、ビジネスの内容を考えてみるとよいでしょう。

お客様の「ありがとう」を聞く

私は香港だけではなく、シンガポールにも会社を持っています。

そこに至るまでの経緯もまた、おもしろいご縁と奇跡がありました。

ことの発端は、関西でプリンのお店を開いた元ワタミの先輩からの電話でした。

「フル！　最近お客様から『ありがとう』の言葉をもらえてるか？」

突然、そんなことを言われ驚きました。

しかし、よく考えてみると、最近は、ワタミで働いていたときのようにお客様とフランクに話をする機会がなく、直接ありがとうと言われることもないなあと思ったのです。

すると先輩は、「大阪でプリンの催事をするから手伝ってくれないか。お客様から直接ありがとうを聞ける、ええ機会になるよ」とのこと。

お世話になっている先輩のお願いとあって断ることもできず、「ほな、行きますわ」と迷わず快諾しました。

その頃、金融とコンサルの仕事がメインであったため、接客をするのは実に3年ぶりでした。

ワクワクしながら指示された催事場に到着すると、アルバイトのおばちゃんがいて、1人で現場を仕切っています。

アルバイトの私に販売するプリンの説明などをしてくれる気配もなく、私が使うエプロンの用意もないとのこと。「なんて雑な扱いなんだ」と思いましたが、とりあえず、レジの打ち方だけを教えてもらい、開店時間を迎えました。

久しぶりの接客はとても楽しく、改めて「私は接客が好きなんだな」と思いました。

プリンを買ってくれたお客様から、笑顔で「ありがとう」という声を聞くと、私自身も自然と笑顔になりました。

現場に到着した先輩に、「今までこういう催事場で最高何個売れたの？」と聞くと、「200個が最高だったな」と教えてくれました。

その瞬間、私のなかの商売人の血が騒ぎ、「だったら200個以上売ってやる」という気持ちが溢れました。

そこから、さらに営業トークに力が入り、結果1日で317個という売上を達成することができました。

充実した1日を終え、先輩と雑談をしていると、「このプリンを海外で発売したい」という話になりました。

しかし、実際に食品を海外で売るとなると、いろいろな制限があります。

そういうものをひとつずつクリアするのは、素人の私には正直むずかしいかなと思っていました。

そんななか、奇跡が起こります。

それから8か月後、アジアのドブネズミくんから連絡があり、「古山さん、海外でデザートのお店を出したい知り合いとかいないですかね？」と言ってきたのです。

具体的に場所を聞くと、シンガポールで日本人にも人気の有名なスポットでした。

先輩に電話をすると、喜んですぐに快諾してくれ、その後、2人でシンガポールに向かいました。そこで、新たにメニュー開発をして商品を完成し、シンガポールでプリン店をオープンさせることができたのです。

こんな奇跡が起きたのも、先輩からの「お客様にありがとうをいただける仕事をしているか？」という言葉がトリガーとなったことに間違いはありません。

普段からこういう意識を持っている人には、思いがけない神様からのギフトが贈られます。

そんなことを体感できたことを感謝する出来事となりました。

しかし、1年後にコロナが蔓延したことで、閉店を余儀なくされましたが、海外で出店できたことは、ノウハウが増えるという意味で、とてもありがたい経験となりました。

そして、その際に作った業態を日本に出店し、今は順調に店舗数を増やしています。

海外につなげた縁が海を渡り、日本に戻ってきたという稀有な例です。

価格や見た目より、クオリティ

物販（物を売ること）で起業したいと考える人も多いです。

最近は、店舗を持たず、ネット販売などもできるため、物販は初心者でも気軽に始められるビジネスとして人気です。

物販で起業するとなると、どうしても価格や見た目を優先しがちです。

しかし、こだわるべきは、価格や見た目ではなくクオリティ（品質）です。

スイーツで起業したいという知り合いに詳しく話を聞くと、「おしゃれなデザインにしたい」とか「なるべく価格を下げたい」など、見た目にこだわりながらも、価格は落としたいと考えていることに気づきました。

たしかに**SNS時代であり、見た目を意識するのも理解できます。**

しかし、見た目や価格を最優先で考え、クオリティを二の次にしてしまっては、スイーツという世界で長い間、成功し続けることはむずかしいでしょう。

クオリティよりもおしゃれさ、話題性で選ばれたスイーツは、一度食べて写真を撮れば満足してしまいます。

となると、リピーターは増えず、お店の売上は次第に下がります。

その後、また新しいスイーツを考えて発売し、またその売上が下がると、新しい商品を販売する。

そのようなサイクルで、新しい商品がどんどん出ては消えていく、というのが昨今のスイーツ業界の現状ではないでしょうか。

もしあなたが**物販で起業したいと思うなら、まずはクオリティを重視**しましょう。

そして、その品質に合わせた適切なデザインや価格を設定しましょう。

それが物販で稼ぎ続けるための最低条件です。


シンガポールでオープンしたプリンは、とことん品質にこだわって作りました。

だからこそ、長い間愛されるプリンとして、シンガポールという国でも認知してもらうことができたのです。


品質を最優先すれば、それなりに価格も上がります。

しかし、たくさん売りたいからといって価格を下げるのは、商品のブランドイメージを下げることにつながってしまうでしょう。

赤字覚悟で安くする必要はありません。よいものであれば、必ずお客様に評価してもらえます。これはワタミで学んだことのひとつでもあります。

「ノウハウコレクター」になってはいけない

香港では、お金は自分で増やすという教育が一般的であり、どのようにして自分でお金を作るかを子どものうちから学びます。

お年玉で株を買い、一軒家を建てたという知り合いの話を書きましたが、アメリカなども同じように、お小遣いで株を買ったり、投資をしたりする子どもは多いそうです。

そして、**得た知識を実践するためには、「know who(ノウフー)」、つまり、誰と出会うかが大事であると教えられる**そうです。

しかし、日本はどうでしょうか。

私自身もお年玉で株を買ったことはありませんでしたし、周りにそういう友達はいませんでした。

それに、日本では投資というと、「一か八かの賭け」のようなイメージを持っている人も多いでしょう。

しかし、それは「投機」であり、「投資」とは違います。そういう知識がないから、「投資なんて怖いから、やめたほうがいい」と思ってしまうのでしょう。

こうしたお金の意識も日本が世界の基準とはかけ離れた価値観のなかで生きていることの証です。

日本人は真面目な民族であり、知識を得ることに貪欲な人もたくさんいます。

しかし、学んだだけで満足してしまう人が多いのもまた事実ではないでしょうか。

例えば、高額なセミナーに参加にしたり、資格を取得したり、本を読んだりしても、それを活用するための行動をしません。**インプットだけをして、アウトプットをしていなければ、ただの「ノウハウコレクター」で終わってしまいます。**

そもそも日本では、なにかをクリエイトする力が育っていないように思います。

知識を足したり、掛けたりして、新しいものを生み出すという教育や体験が圧倒的に少ないため、クリエイティビティが育たないのです。

何度も書いた通り、会社とは「おもちゃ箱」であるべきだと思っています。

おもちゃ箱のなかに、たくさんの知識やアイデアを入れ、それをどう組み合わせてビジネスにしていくかが、ビジネスを拡大させるための土台を作ります。


そのためにも、まずはノウハウコレクターで終わらないこと。

知り得た知識を試す場を作る、つまり体験をすることがなによりも大切です。

人脈を大切にするためのマイルール

香港に来たとき、とあるサッカーチームに所属しました。

昔からサッカーが好きでしたし、ただ純粋にサッカーがしたいという思いでサッカーチームに入りました。

しかし、そのときはまだ、そこで出会った人たちが私のビジネスの後押しをする、頼もしい存在になってくれるとは、夢にも思っていませんでした。

サッカーチームに入ったときは、当然ながら、ビジネスに役立つ人脈作りをしようなどとは1ミリも思っていませんでした。

そのため、お互いがどんなビジネスをしているかなど、ほとんど知らないまま、ただ純粋にサッカーを楽しんでいたのです。

そんななか、たまたま私が保険の仕事をしているという話をすると、「古山さんが紹介する保険ならぜひ入りたい！」と言ってくれたのです。

結果として、ほとんどのメンバーが私の扱う保険を買ってくれました。

このとき、一緒に汗を流すことで築いた信頼関係の深さに気づかされました。

仕事と関係のない場所で築けた関係こそ、損得感情のない本当の信頼関係であると知ったのです。

これから起業したい人は、人脈を広げなければと考えますよね。

それもそれでよいと思います。

しかし、ただ名刺を渡し合う程度の関係では、本物の信頼関係を築くことはできません。本当の意味で相手とつながりたいのなら、損得感情なしの関係を築くことが大事です。

香港でサッカーチームに入ったことは、本当の意味の「仲間」を見つけることにつながりました。

しかしながら、私が特別コミュニケーション能力に長けていたというわけではありません。

経営者というと、どうしてもリーダーシップに優れていると思われがちですが、私はどちらかといえば、今でも自分のことを「人見知り」だと思っています。

学生時代も友達ができるまで人一倍時間がかかりましたし、自分に自信がなかったせいか、「相手に否定されたらどうしよう」などといつも考えているような少年だったのです。

それは大人になっても直らず、香港でサッカーチームに入ったときも、自分から積極的に話しかけることはできませんでした。

しかし、サッカーはチームプレイです。サッカーをするなかで自然とチームワークを築くことができたのだと思います。

いまだに、自分のことを人見知りと自覚しているからこそ、人として最低限の立ち振る舞いは意識するべきだと常に考えています。例えば、「約束は守る」「時間は守る」「締切は守る」など、相手が誰であろうと、人として守るべきことはきちんと守ると決めています。

それこそが、本当の信頼関係を築く土台となり、それが結果として、ビジネスにもよい影響を与えてくれるのです。

仕事もゴルフも段取りが8割

人は人間関係なしに、生きることはできません。

ビジネスもまた、人間関係なしにはできません。

だからこそ、いかに多くの人と信頼関係を得られるかが、ビジネスの成功に大きく影響します。

私はサッカーも好きですが、同じくらいゴルフも好きで、10年ほど前から続けています。今でも日本に帰国すると、年に3回ほどゴルフコンペを主催し、さまざまな人たちとゴルフを楽しんでいます。

そして、**ゴルフこそ、これから起業したいと思う人におすすめしたいスポーツ**だと思っています。

少し前までは、ゴルフとはサラリーマンがクライアントの接待で行うスポーツといったイメージがありました。

しかし、今では男女年齢を問わず、人気のスポーツとなっています。

ゴルフは、サッカーなどのスポーツとは異なり、入念な準備や段取りが必要です。受付の仕方やルール、必要なアイテムなども、事前に知っておかないといけません。これほど段取りや準備が必要なスポーツは、他にないのではないでしょうか。

だからこそ、**どんなジャンルのビジネスにおいても必要な「段取り」というスキルを学べる唯一のスポーツ**なのです。

また、ゴルフはよい人間関係を構築しやすいスポーツです。

ゴルフは、サッカーなどの他のスポーツとは違い、雑談しながら行います。みんなで歩いて移動しながら行うため、コミュニケーションを図る時間が多い分、いい人脈、太い人脈を構築しやすいのです。

また、自然のなかで行うという点も、よい関係性を築きやすいポイントとなります。リラックスできる環境は、普段のビジネスシーンとは違う一面が見え、相手の本質が見えやすくなります。

今、なにもスポーツをしていないという人は、運動不足を解消するためにも、よい人間関係を築くためにも、ゴルフを始めるのもよいでしょう。

自分とは異なる世代の人たちや、異業種の人たちの話を聞くことは、人としてとてもよい刺激になります。

成長する人には、怒ってくれる人が近くにいる

日本に帰国すると、必ず会う人がいます。

ワタミ時代の上司なのですが、私にとって、唯一の「怒ってくれる人」です。

例えば、仕事が順調に進んでいるといった話をすると、「最近、調子乗ってんちゃう?」とか、「こういうときこそ、油断したらあかん」など、歯に衣着せずアドバイスをしてくれます。

経営者になると、人に叱られることがないので、そういうことを言ってくれる先輩の言葉をありがたく受け止めています。

しかし、先日先輩に会ったとき、思いがけない言葉をいただきました。

着席するなり、私の顔をまじまじと見て、「最近、優しい顔になったな」と言ったのです。

予想外の言葉をかけられ、驚いたのですが、なにより私のことを見てくれていることにとても嬉しい気持ちになりました。

人は歳を重ねるにつれ、自分を指導してくれる人がいなくなります。

特に、経営者や社長といった立場になると、なおさら注意すらされることはありません。

しかし、そういう存在がいないと、人は成長し続けることはできません。

会社の動向も大事ですが、経営者みずからが成長し続けている姿を、社員やスタッフたちに見せることが、彼らの意識を高め、それが会社の成長につながります。

そのためにも、**いくつになっても、自分のことを指導してくれる人の存在を大切にしましょう。**

そういう人がいない人は、あなたが尊敬する人を見つけ、アドバイスをもらいましょう。きっと、あなたにとって今、必要なことを教えてくれるはずです。

会社の愚痴を言うくらいなら、今すぐ起業しよう

「好きなことを仕事にしたい」「もっと稼ぎたい」「サラリーマンを辞めたい」など、起業したい理由も人それぞれです。

しかし、突然今の仕事を辞めて起業するのは、やはりリスクが伴います。

家族を持っている人ならなおさら、お金のことで家族を不安にさせたくはないですよね。

しかし、なかには、今すぐ起業したほうがいいと思う人がいます。

会社の愚痴を、会社以外の場所で話している人です。

そういう人は、今すぐ会社を辞めて起業したほうがいいです。

なぜならば、給料をもらっていることに対しての感謝がなく、会社側からしても必要ではない人材だからです。

会社の愚痴と言っても、会社をよくするための愚痴であればいいのですが、ここでいう愚痴とは、「給料が低い」とか「あの上司が嫌い」など、ビジネスの内容とは異なる、個

人的な不平不満のことを指します。

起業をすると、毎月もらえる給料のありがたさに気づきます。毎月何十万円を稼ぐことの苦労を知っていれば、給料をいただいた分だけ頑張ろうと思えるでしょう。

しかし、会社の愚痴や不平不満を言っているということは、間違いなく、給料のありがたさに気づいていません。

そういう思いは、必ず態度や言葉に出ているでしょうし、そういう人が１人いるだけで、社内のモチベーションは下がります。

つまり、周りにいる人にとっても悪影響を与える存在なのです。

起業とは、自分の力を試す場です。

たとえすぐに結果が出せなくても、その経験は必ず新しい価値観を与えてくれるはずです。

もしあなたが会社への不満が溢れているという状態であれば、今すぐ会社を辞め、起業してみるのもよいでしょう。

新しい世界を知るよいきっかけになりますし、経験という財産を得られる、よいチャンスになると思います。

起業には、ほどよい臆病さが必要

「起業家とは、どんな人ですか？」

そう聞くと、多くの人は「自分に自信がある人」とか「強気な人」などと答えます。

しかし、実際は、絶大な自信を持っている人よりも、繊細で臆病な人のほうが起業には向いています。


起業するにあたり、大事なのは市場調査です。

そのため、分析力や調査力といったスキルがあったほうがよいでしょう。

どこがボトルネックなのか、どこにニーズがあるのかなど、具体的な問題点を知り、そこから解決する策を知れば、あなたがサービスを決める際、役立てることができます。

起業した後も、「これなら絶対いける！　成功する！」と強気でガンガン進めるより、最悪のケースを考えながら、慎重に物事を進めていくほうがリスクを最小限に抑えることができます。あまりにも強気な姿勢で進めると、いつの間にか足元をすくわれるといった可能性があることも否めません。

2割の準備で動き、その後は、ほどよい臆病さを持つくらいの慎重さがいいでしょう。

「最悪の場合、大事な人たちを守れるのか」という意識を常に持ち、リスクヘッジを踏まえつつ、行動することが起業のコツです。

ビジネスを成功させるためには、長い時間が必要です。

モチベーションだけを頼りにしては、ビジネスを長続きさせることはできません。

調査力、分析力、冷静さを持ちつつ、いい意味で臆病さを持ちましょう。

それが、ビジネスを加速させ、長い間、成功し続けるための秘訣です。

思いついたら、即LINE

「いつもどんなアンテナを張っていますか？」とか「どんなものから情報を得ていますか？」と聞かれることがあります。
しかし、私はその質問に対し、答えを明言することはできませんでした。
なぜなら、普段から見るもの聞くものすべてに対し、ビジネスにつなげて考えることが当たり前になっていたからです。

例えば、「このYouTuberは話もうまいし、動画の編集も秀逸だな。今度こういう編集に挑戦してみよう」とか、「この本のこの部分が共感するなあ。いつかこういう本を書いてみたい」など、なにを見ても、ビジネスのヒントになることを常に探しています。

ただ、ビジネスの参考になると思ったことは、すぐにメモし、それを仕事仲間にLIN

Eで送り、意見を聞くことだけは心がけています。

ただメモをしただけでは、あとからそれを見ることを忘れてしまいます。

しかし、**思いついたことを人に伝え、それを共有すれば、忘れることはありません。**

また、1人に送るだけではなく、何名かに共有するとさらによいでしょう。

例えば、経営が得意なA君と、新しいものをキャッチすることが得意なB君、集客が得意なCさんなど、同じ内容を3名に送り、意見を聞いてみる。

すると、それについてさらに詳しい情報をくれたり、アドバイスをくれたり、または、反対されたりと、いろんな意見に分かれます。

このようにしてさまざまな意見を聞き、新しいビジネスを建設的に組み立てていくのです。

頭に浮かんだことを自分のなかだけで考え、メモしても忘れてしまいます。

しかし、誰かとシェアするという行動をすれば、それがより現実味を帯びてきます。

自分の思いを誰かとシェアすることで、新しいビジネスが生まれたという経験を今までたくさんしてきました。

そういう意味でも、ビジネスの成功には、普段から気軽に意見を言い合える仕事仲間が必須なのです。

なにか思いついたと思ったら、信頼できる人に伝えるという癖をつけましょう。

それを習慣化させることが、新しいビジネスを創造するきっかけとなり、また、大切な人たちと信頼関係を築く礎となります。

Part

4

人生を変える10の思考習慣

人として、経営者として
すべての人に伝えたい、
生きるために大切な10の思い

「思考は現実化する」マザー・テレサの言葉が人生を変えた

思考に気をつけなさい。それはいつか言葉になるから。
言葉に気をつけなさい。それはいつか行動になるから。
行動に気をつけなさい。それはいつか習慣になるから。
習慣に気をつけなさい。それはいつか性格になるから。
性格に気をつけなさい。それはいつか運命になるから。

カトリック教会の聖人と呼ばれたマザー・テレサの名言です。
私の人生を変え、支え続けてくれる大切な言葉でもあります。

私がワタミにいた頃、渡邉美樹さんも「私はマザー・テレサを尊敬している」「愛の反対は無関心」などと、マザー・テレサに関する話をよくされていました。
「思考は現実化する」という言葉を私は信じていて、そのなかでマザー・テレサの名言集に出合いました。

自分の尊敬する経営者が、同じ考えということで嬉しかったのを覚えています。

多くの名言のなかで、なぜこの言葉に強く惹かれたのかというと、私自身が若い頃から、アルバイトの子たちに「人生は考え方が80パーセントだ。あとは努力と運」とよく話していたからです。

だからこそ、この言葉を見たとき、「私が思っていたことと同じだ」と思い、強く心に刻まれたのです。

人は、必ず自分で運命を変えることができます。
そのためには、まずは思考を変えること。
それをせずに、運命を変えることはできません。

この私の考え方は、まさにマザー・テレサの言葉で確信に変わりました。

例えば、出かけようと思って外に出たら、突然雨が降ってきたという場合、あなたならどう思いますか。「タイミング悪いなあ。最悪」と思う人もいれば、「よかった！　傘を忘れずに済んだ」と思う人もいます。

雨が降ってきたという現実は同じです。しかし、捉え方により、思考はこれほど異なります。であれば、なるべく前向きにいたいと思いますよね。

生きていれば、必ずうまくいかないときがあります。私自身も、「もうダメだ」とか「このままで大丈夫なのか」と不安になったこともたくさんあります。

しかし、ネガティブに考えても、現状は変わりません。

であれば、突然降ってきた雨を「恵みの雨」と捉えたほうが人生は楽しくなると思いませんか。

そして、私の考え方は間違っていないと背中を押してくれたのが、このマザー・テレサの言葉だったのです。

この言葉に出合ってからは、さらにポジティブに捉えられるようになりました。

なにか不安なことやうまくいかないことがあっても、「俺は大丈夫。心配ない！」と言

葉にし、潜在意識に刷り込むように、何度も自分に言い聞かせたのです。
そうした**思考のトレーニングが功を奏し、言葉を変え、習慣を変え、性格を変え、運命を変えることにつながりました。**

しかしながら、世の中には、ネガティブな思考傾向の人も多いです。

そういう人に対し、「ポジティブにならなきゃダメだよ」と、アドバイスをするのは、乱暴で雑な印象を与えることにしかなりません。

実際、ネガティブ傾向の人が、ポジティブ思考になるには、長い時間を要すると思います。しかし、捉え方を変えることなら、今すぐ誰でも簡単にできます。

誰に対しても、再現性のある的確なアドバイスができる人でありたいですよね。

ここからは、私が今まで実践した「人生を変える思考習慣」を10個ほど紹介します。どれも再現性が高いものばかりなので、ぜひ試してみてください。

人生を変える思考習慣 1

「叶えたいことは、口にする」

「言葉は現実化する」と言われます。

この言葉の通り、頭のなかで思っていることを「発言する」「発信する」「紙に書く」など、アウトプットをすることで、それが現実になっていくということを今まで何度も体験してきました。

そのひとつの例に、ワタミで毎年作っていた「5カ年計画」があります。

これは5年先までの自分の事業プランを毎年作成するというワタミならではの恒例イベントです。

私が営業部に所属していた2009年の5カ年計画には、「2012年に、社長になる」と書きました。

そして、その計画をみんなの前で発表したところ、2011年の11月に、和民（中国）

有限公司の代表取締役に就任しました。

その後、２０１０年の際は、「２０１５年に、起業する」と発表し、実際、２０１４年の11月に香港法人Ｇ‐ＪＯＹＦＵＬ ＬＩＭＩＴＥＤを設立しました。


これは偶然でも、奇跡でもありません。

「２０１２年に、社長になる」とオフィシャルな場で発言した後すぐに、「あなたが社長になるなら全力で応援します」と言ってくれる人が私のもとに集まってきました。

そんな周りの人の力を借りることができたから、夢を現実にすることができたのです。

これを機に、言葉が周りの人を動かすことを知りました。

そして、これこそが「言葉は現実化する」ということの真相だったのです。


それからというもの、やりたいことや叶えたい夢があれば、どんどん言葉にして発信するようになりました。

そのおかげか、今でも不思議な縁やきっかけが多発するという奇跡を体感しています。

あなたも叶えたい夢や目標があれば、恥ずかしいという思いを捨て、言葉に出してみましょう。

「いつかこんなことをやってみたい」とか「チャンスがあれば、こんなことに挑戦したい」など、自分の思いを言い続ければ、その言葉を必ず誰かがキャッチしてくれます。

今やほとんどの人がなにかしらのSNSをやっていると思います。

Facebook や Instagram、X（旧Twitter）、YouTubeなど、誰でも簡単に自分の思いを発信することができる時代です。

であれば、そういうツールを使って、発信しない手はないでしょう。

それに、自分の夢や目的を発信すると、不思議と同じような思いの人が集まってきます。そこで知り合った人からチャンスをもらえたり、情報を得たりと、夢が叶いやすくなるのです。

渡邉美樹さんの言葉を引用させていただきますが、「叶える」という漢字は、「10回、口にする」と書きます。

自分がこうしたいと思うことがあれば、10回は口にしましょう。そうすれば自然とチャ

ンスが巡ってきます。

「不言実行のほうがかっこいい」などと思う人もいます。

しかし、それで叶えた夢よりも、たくさんの人のサポートに助けられながら、有言実行をするほうが信頼関係も築けますし、勇気ももらえます。


とはいえ、どうしても口にすることが恥ずかしい人もいるでしょう。

そんな人は、「こうなったらいいな」「こうなりたいな」という軽い表現でもよいので、言葉として口にしてみましょう。夢実現の確率はぐんと上がります。


今は現実主義な人が多い時代です。夢を語る人に対し「意識高い」とか「現実見なよ」などと笑う人もいるかもしれません。

しかし、**夢を持たずに、成功を掴むことはできません。**

言葉にしなかったら、誰にもなにも伝わらないし、誰も応援してくれません。

叶えたい夢があるなら、まずは口にすること。

それが、あなたの夢への最初の一歩となります。

人生を変える思考習慣 2

「成功したいなら本気で学べ」

ワタミで学んだことは、今のビジネスの根源となっていることを実感しています。

そして、ワタミで一緒に汗をかいた仲間たちと、今でも楽しく交流できることも、私にとって大きな刺激となっています。

先日、ワタミ時代の先輩と「渡美塾」に足を運んだとき、その先輩の行動にとても驚きました。

渡邉美樹さんの一言一句をノートにびっしりとメモしていたからです。

その先輩は渡邉美樹さんの愛弟子ともいわれていた人なので、過去に聞いたことがある話もあったはずです。

しかし、初めて講演に来た若手社員のように、目をキラキラと輝かせながら、大きく頷きながら、真剣にメモを取る姿を見て、感動してしまいました。

先輩は事業も投資も成功している、成功者です。

そんな姿を見て、**成功している人ほど、学ぶことに貪欲であり、謙虚である**ことを教えてもらった気がしました。

経営者やリーダーという立場になると、驕り高ぶってしまう人もいるでしょう。

しかし、本当の成功者こそ、学ぶことに積極的です。

そういう姿勢でいられるからこそ、成功者で居続けられるのです。

人生を変える思考習慣 3

「辛いときに支えてくれた人を大切にする」

独立した後、思うような結果が出ないと、自らを責めたり、後悔したりしたこともありました。そんなとき、私を支えてくれたのが、香港のサッカーチームで知り合った、年齢がひとつ上の笠原くんでした。

彼は通関士として香港に渡りましたが、なかなか思うようにいかず、その後、旅行代理店で働き始めました。

その頃、私はまだワタミに所属していたので、出張などの際は、彼の旅行代理店に航空券をお願いするなど、いろいろとお世話になっていました。

一緒に飲みに行ったり、旅行に行ったりして親交を深めていくうちに、お互い「独立したいよね」とか「年収3000万は稼ぎたい」などと、夢を語り合える仲になっていきました。

そんななか、私がいよいよ「ワタミを辞めて独立しようと思っている」と話すと、「俺の会社の社長が日本に帰国するから、オフィスを一緒に使わんか?」と、提案してくれました。

事業を始める前の資金のないときに、居場所を作ってくれたことに感謝しながら、「ほんまか! だったら、なんか2人でやろうや!」と盛り上がりました。そして、その数週間後、彼と一緒に事業をスタートさせたのです。

小さなオフィスに、仲良く並べた2つの机。

これこそが、私の起業人生のスタートとなりました。

同世代であり同郷でもある彼に出会えなければ、今の私はいなかったでしょう。

そして、9年経った今も、彼はその思い出のオフィスで自分の会社を運営しています。

私はその会社のビジネスパートナーという立ち位置で、今でも一緒にビジネスをしています。

同じような夢を持ち、同じタイミングで起業できた彼のことは、今も昔も変わらず、大切な存在です。

経営者というのは、孤独な存在です。
会社で偉くなればなるほど、相談相手がいないのも事実でしょう。

だからこそ、**支え合い、励まし合える仲間に出会えたことは私の財産であり、一生失いたくない宝物**です。

人生を変える思考習慣 4
「ビッグマウスになろう」

どんな仕事であれ、苦手な人は必ずいます。

仕事も楽しくて、給料もよくて、みんな優しいなんていう会社は、少ないのではないでしょうか。

しかし、1日のなかで仕事をしている時間は、圧倒的に多いです。

だからこそ、なるべく心地よい環境で働きたいと思うのは当然のことでしょう。

ワタミで働いていたときも、当然ながら、苦手な上司はいました。

特に、店長という立場になってからは異動が多く、同じ店で長く勤務するという体制ではなかったため、新しい上司や新しいスタッフと出会う機会がたくさんありました。

人には合う、合わないということがあるので、私からすると言葉と行動が矛盾しているなと感じる上司もいました。

しかし、そういう上司にいちいち目くじらを立てていては時間の無駄です。

そこで、「この人はいつか僕の部下になるはずだから仕方ない」とか「数年後は、僕のほうが偉くなるから我慢しよう」など、仲のよいスタッフたちの間では、ビッグマウスでいようと言い、お互いを励まし合っていました。

その後、エリアマネージャーという立場になると、上司に対して言いたいことがあれば、「きちんと〝噛みつく〟ことができる人間でいたい」と思うようになりました。

腑に落ちない出来事も、長い物に巻かれたほうが身を守れることもあります。自分では悪いと思わなくても、「はい、すみませんでした」と謝っておくほうが、事態は丸く治まるというシーンもあります。

しかし、そう言ってしまえば、その上司に同意したことになってしまいます。

組織に迎合するだけの人間にはなりたくはありません。
だからこそ、きちんと言いたいことを伝えられるリーダーという背中を、部下たちに見せていきたいと思ったのです。

そもそも**私がワタミで働きたいと思った理由は年功序列ではなく、実力主義であったことです。**

そんな環境で働けるからこそ、長い物に巻かれているだけでは出世できないということを新人のうちから肌で感じていました。

そのため、生意気な新人と思われていたこともあったでしょう。
しかし、**生意気なことが言える環境だったことは、私にとってありがたいことだだと、今なら理解できます。**

どんな業種であれ、20代のうちは上司の言うことがすべて正しいと思いがちです。
しかし、上司だって完璧ではありませんし、間違えることはあります。
だからこそ、上司であれ、社長であれ、間違えていると思ったらそれを素直に伝える勇気を持ちましょう。

また、**今会社選びをしている人は、新人でもきちんと上司に〝嚙みつく〟ことができる会社を選んで欲しい**です。

「新人は上司に従って当たり前」というような社風では、あなたの実力を試すことはむずかしいでしょう。

きちんと評価されたいと思うなら、思ったことを自由に発言できる会社を選ぶこと。

その選択を間違えないようにしてください。

人生を変える思考習慣 5

「運気が上がる行動をする」

「成功するための秘訣はなんですか?」

「渡美塾」で誰かが質問をしました。すると、渡邉美樹さんは迷わずこう答えました。

「運です」

一瞬、会場には「え?」という空気が流れましたが、その後の渡邉美樹さんの話を聞くと、そこにいたすべての人はその言葉の意味を素直に理解することができました。

かつて、渡邉美樹さんはニューヨークにあるジャズバーのようなバーを経営するつもりでいました。しかし、たまたま居酒屋「つぼ八」の社長と出会う機会があり、「ジャズバーなんてやめたほうがいいよ。絶対に失敗する」と断言されたそうです。

そして、「君さ、飲食をやりたいなら、まずはつぼ八のフランチャイズでやってみたら？」と提案してもらい、つぼ八のフランチャイズを経て独立。その後、ワタミを創りました。

このような流れでワタミが誕生したわけですが、あのとき、つぼ八の社長と出会わなければ、間違いなく今のワタミはなかったと話してくれました。

「出会いも成功も運でしかない」と言い切る渡邉美樹さんの話は、リアリティと説得力があり、多くの人がその話に納得しました。

私も数々の奇跡的なご縁に恵まれたことで今日があると実感しています。

「運」という言葉でしか説明できない出来事にもたくさん巡り会いました。

だからこそ、渡邉美樹さんの話を聞き、改めて「やっぱりそうなんだ」と確信することができたのです。

成功の秘訣は「運」なのだとしたら、自分の運気を上げる行動をしないといけません。

「約束を守る、嘘をつかない、自分がやましいと思うことはしない、ゴミを拾う、掃除をする、靴を揃える」など、心を整える行動をしていくことで、自分の運気を上げていくことが大切です。

また、身近にいる成功者と呼ばれる人たちも、運気を上げるといわれる行動をしていることを知りました。**目に見えないことに懐疑的にならず、言われたことを素直に信じる気持ちがあるからこそ、さらなる成功を呼び寄せる**のでしょう。

「成功したい」「幸せになりたい」と目標を定めることは素晴らしいことです。

しかし、夢という近未来のことだけを見て、目の前のことを疎かにしていては、よいチャンスは巡ってきません。

社員には「夢を叶えたいなら、飛び込む場所を決め、飛び込み台を設置し、飛び込め」と言いますが、その飛び込み台が泥だらけでは、華麗な飛び込みはできません。

運気を上げる行動を意識することで、毎日をより丁寧に生きましょう。

そうした習慣が身につけば、必ず運気が上がり、目に見えぬ不思議な力があなたをサポートしてくれるはずです。

人生を変える思考習慣 6

「起業は若い世代ほどチャンスがある」

私の周りにいる若い世代の人たちは、上昇志向が強い人がとても多いです。欲しい情報があれば、すぐに手に入れられる時代のおかげか、探究心もあり、フットワークも軽いです。

そんな恵まれた環境にいるためか、20代で起業したい人も増えています。あなたが今20代で、「すぐに起業したい」と思うなら、迷うことなくどんどん挑戦して欲しいと思います。

というのも、若い世代ほど、時代をキャッチする力に長けているからです。常に新しいものをキャッチするアンテナが立っているため、これからなにが流行るか、どんなものにニーズがあるかを感覚的に察知する力があります。

そういう意味でも、今の日本にとって、20代はとても頼もしい存在です。

私のような40代以上の世代が20代だった頃は、情報を得るといえば、テレビや雑誌、本などが主流でした。

わからないことがあれば辞書を引いたり、図書館で調べたりすることが当たり前で、ひとつの答えを見つけるのに時間を要しました。

そういう時代を生きてきた人は、今でもデジタルを信用できないという人も一定数います。もしかしたら、あなたの周りにも、「携帯で営業するな。営業は足で稼げ」と言ったり、「飲みニュケーション」を強要したりする上司がいるかもしれません。

そういう人はまさに、時代錯誤であり、若い世代の人たちとは理解し合うことはできないでしょう。

しかし、あと数年すると、その世代の人たちはいなくなります。

そういう意味でも、幼少期の頃からデジタルに触れてきた20代が活躍できる時代がやってくることは間違いありません。

私が起業したのは37歳のときでしたが、今、私が20代であれば、間違いなく起業したでしょう。

これだけ情報が得やすい時代はありませんし、未来を想像しやすいという点においても起業しない手はありません。

例えば、人口の推移をリサーチし、それに合わせ、高齢者をターゲットにしたマーケットを展開したり、ＩＴやＡＩを活用して世の中にないサービスを開発したり、海外に目を向け、海外で流行りそうなものや日本のよいものを海外で販売したりと、時代のニーズに合わせたアイデアで起業するのもよいでしょう。

20代だけではなく、今は、どの世代であれ起業しやすい時代です。

日本の年収平均値は下り傾向ですが、一方で、億を稼ぐ主婦や個人事業主が年々増えています。

だからこそ、起業したいと思ったときが挑戦する、よいタイミングなのです。

人生を変える思考習慣 7

「自分がボトルネックにならない」

サラリーマンであれば、最低限、会社の方針やルールを守らなければなりません。

一方、起業するということは、自分が社長であり、自分がルールになります。

すべて自分の思う通りにできるという状態はとても自由です。

就業時間も規則も自分で決めればいいのですから、これほど楽なことはないでしょう。

しかし、すべて自分の思い通りにできるという環境には、自分に甘えてしまうというリスクもあります。

だからこそ、起業する際は、自分のルールを決めることが必要です。

私が大事にしているルールは、「自分がボトルネックにならない」ということです。

ビジネスは団体競技です。自分がボールを持っている場合に、自分が早く動かなければ周りが動けないというシーンが多々あります。

例えば、私の確認がないとスタートできない事業や、私の資料が来てからでないと動けない事業もあります。

そういうシーンで、私自身がボトルネックにならないよう、即時に対応することを優先しています。

つまり、**自分が原因で周りが動けない状況を作らないように、仕事の優先順位を決めるようにしている**のです。

自分が寝坊をしてテストを受けられなかったとか、単位が取れなかったという場合なら、自分しか困ることはありません。

しかし、ビジネスにおいて締切を守ることができなければ、人の作業に影響を及ぼし、迷惑をかけるだけではなく、自分自身の信頼度も下げます。

そもそも、仕事ができない人というのは、仕事の流れが見えていない人です。

自分が担当する仕事のその先にどんな人がいて、どんなことをするのかが見えていないからこそ、締切の重要性に気づいておらず、守ることができないのです。

ワタミ時代も、起業してからも、今まで数多くの人たちと一緒に働いてきましたが、寝坊して会社を遅刻をしても仕事ができれば、なぜか許されてしまうというのが現実です。

もちろん、遅刻することはよいことではありませんが、締切を守ることができない罪に比べれば、まだまだ可愛いものです。

会社という組織で働くにせよ、起業して働くにせよ、実力社会であることに間違いはありません。

自分の評価を上げるためにも、自分がボトルネックにならないという最低限のルールは必ず守りましょう。

人生を変える思考習慣 8

「選択肢を広げる」

ビジネスに関する記事やビジネス本などを見ると、「選択と集中」とか「ビジネスは一点集中が大事」などと書かれています。

しかし、世界中の起業家たちと話をするなかで気づいたのは、ビジネスをひとつに絞り、成功し続けている人はいないということです。

ビジネスをひとつのジャンルに絞ると、たとえ一過性で稼げたとしても、長くは続きません。結果として、その事業を撤退するという人もたくさん見てきました。

つまり、**「一点集中」という言葉を間に受け、それをそのまま実行している人は、長いスパンで見ると成功できていないという現状**があります。

未曾有のウイルスが世界を襲ったとき、飲食一本でビジネスを行っていた人たちは大打撃を受けました。

ビジネスの軸がひとつしかないと、イレギュラーな出来事が起こったとき、会社を存続することはむずかしくなります。急いで、違う選択をしようと思っても、どんな選択をしていいかわからず、多くの中小企業が廃業という選択をせざるを得なくなったのです。

しかし、飲食以外のビジネスも並行して行っていた企業は、すぐに違うビジネスにスライドさせ、廃業を免れました。つまり、選択肢が少ない人が「一点集中」をしてしまうと、非常にリスクが高いことがわかります。

ビジネスは勢いも大事ですが、それ以上にリスクヘッジも重要です。予期せぬ出来事が起きたとき、会社とスタッフを守るために、逃げ道はあればあるほど安心です。

そのためにも、普段から選択肢を広げることを意識しましょう。

選択肢を持つというのは、多くの事業に興味を持ち、学ぶということです。

少しでも興味があることがあれば、その業界を知るために、短期間でもいいから真剣に学び、取り組んでみましょう。


世の中のビジネスは、結局自分がやってみないとなにもわかりません。

だからこそ、少しの期間でも真剣に取り組むという経験を続けることが、あなたのビジネスにおいての選択肢を広げてくれます。


私自身も、今までさまざまな事業に挑戦してきました。

そのマーケットを徹底的に調査し、行動し、失敗しながら、さまざまなジャンルのビジネスを身をもって学ぶことができました。

そういう経験があったからこそ、今の私がいるのです。


大谷翔平選手は、誰もが知る成功者です。

しかし、そんな彼の打率でも「3割」です。

10回打席に立って、成功するのは3回。つまり、7回は失敗に終わっているのです。

それなのに、彼が世界中が認める成功者であることは周知の事実です。

ビジネスが当たる確率も1から2割が妥当です。3割当たれば、大成功でしょう。

つまり、ビジネスも野球も、打席に立つ回数を増やし、バットを振るチャンスを増やすこと以外に成功する方法はないのです。

とはいえ、今すぐまったく別の事業を始めたほうがいいというわけではありません。

例えば、今ある商品が店頭で売れないなら、ネット販売をしたり、別の商品を開発したりとさまざまな工夫をしましょう。

今あるビジネスをスライドさせ、新しい市場を増やすことも、選択肢を広げることにつながります。

そのためにも、普段からさまざまなことに興味を持ち、多くの人と出会い、話を聞くことを心がけましょう。

自分の生活の選択肢を広げることが、結果として、ビジネスの選択肢を広げることにつながっていくのです。

人生を変える思考習慣 9

「意志は環境に勝てない」

私が香港へ異動になったとき、事前に広東語を勉強する準備期間はありませんでした。突然、知らない国に行かされ、それでも、成果を出さなければいけなかったのです。

当時の香港の会社には、私を入れて日本人駐在員が7名いました。

しかし、そのなかですぐに広東語を学び始めたのは、私だけだったと記憶しています。というのも、実際、香港に行くと、通訳なしに現地の人と話したいという気持ちが強くなりました。

「話せるようになりたい」という私の強い意志もありましたが、なによりも、やらざるを得ない環境だったからこそ、自然と成長することができたと思っています。

サッカーやゴルフも「うまくなりたい」という意志だけでは、なかなか上達することができません。

しかし、いつでもすぐにサッカーやゴルフができる環境に身を置けば、おのずとうまくなるでしょう。

そう考えると、いかに自分がやりたいことの環境を整えることが重要なのかがわかります。

人は誰でも、「こんなことをしたい」「あんな夢を叶えたい」という願望を抱いています。そして、それを叶えるために、死ぬ気で頑張ろうと意気込みます。しかし、実際死ぬ気で頑張っている人はあまり見たことがありません。

であれば、**モチベーションを上げることに尽力するよりも、それを叶えるための環境を作ることが大切**です。

私のこれからの目標は、今の会社に私がいてもいなくても、同じような成果を出せる会社にすることです。

企業の価値というのは、売却するときの金額で決まります。

もちろん、会社を辞める気もありませんし、売る気もありません。

しかし、万が一の場合、高値がつく企業でないと、買った側に得がありません。

価値ある企業を作るために、今の会社の環境はどうなのか、不足している点はなんなのかを、常に俯瞰できる経営者でありたいと思っています。

そのためには、よりよい環境を作ること。

そこを重視すれば、自然と会社も自分もパワーアップしていくと信じています。

人生を変える思考習慣 10

「すべてに感謝をする」

40代になり、改めて人生を振り返ると、一筋縄でいかないことも、思い通りにいかず悩んだこともたくさんありました。

そんなとき、**私を支えてくれたのは、母からのこの言葉でした。**

「あんたはできる子や」

この言葉のおかげで、今まで多くのことを乗り越えてこられた気がします。

母は昔からとても厳しい人でした。

私が友達と遊びに行くときも宿題を済ませないと、行かせてくれませんでしたし、机の上が少しでも散らかっていたら、それらをガシャーンと落とされ怒鳴られたりと、三人兄弟の長男だった私には特に厳しかったです。

当時は、「なんで僕ばっかり怒られるんだ？」と思うこともありました。

しかし、この言葉を言われたとき、「そうか。僕に期待してくれているからこそ、怒られるのか」と子どもながらに悟ったのです。

そう理解してからは、この言葉は私のお守りとなり、大人になった今でも私を支えてくれる大事な言葉となりました。


大学を中退し、ワタミに入社。そこから、店長、エリアマネージャー、営業課長、営業部長となり、香港へ。その後、工場責任者、営業企画部長、代表取締役を経て、起業をしました。

さまざまな肩書き、立場で、スタッフや上司たちと関わり合うなかで気づいたのは、誰かに対して怒るという行為は、とてもエネルギーを要するということでした。

そして、そこには**相手への期待や愛情がないと、真剣に怒ることはできない**ことを肌で知りました。


もしあなたが誰かに怒られてばかりと落ち込んでいるなら、それは相手に期待されてい

るということを意味します。

今は、上司が部下に怒ることがむずかしい時代です。そんななか、あなたを怒ってくれるというのは、ありがたい存在なのかもしれません。そう捉えれば、相手への見方も変わるはずです。

不平不満や愚痴が出るとき、人は感謝を忘れています。

しかし、**感謝という眼鏡で世の中を見れば、捉え方は一変します。**

あなたが幸せになるためにも、あなたのビジネスが成功するためにも、誰に対しても、なにに対しても感謝をすることを忘れずにいてください。

そういう気持ちを持ち続けることができれば、いつか必ずチャンスが巡ってきます。

おわりに

私が人生を終えるとき、最後に言いたい言葉があります。

それは、「感謝しかない」という言葉です。

ビジネスを通して、本当に多くの人と出会うことができました。

30歳で海外生活を経験し、それから外国人として海外で生活をし、世界のさまざまな国を実際に感じ、世界から自国を見ることで多くのことを体感することができました。

そんなきっかけを与えてくれ、私がビジネスで生きていく力を与えてくれたワタミには大いに感謝しております。

また、私に「G－JOYFUL」という最高の居場所を創るきっかけをくれたアジアのドブネズミこと豊原健志氏、創業期に同じような境遇のなか、一緒に励まし合い、高め合えた笠原信也氏、香港の友人、日本の友人、今でも私に苦言を呈してくれる先輩方、そしてなにより私の居場所である「G－JOYFUL LIMITED」。そのすべてに改めて感謝の言葉を贈ります。

一番辛いとき、私が創業したこの会社が、「僕がいるから大丈夫。一緒に楽しくて毎日ワクワクする世界を作ろう！」と、言ってくれているようだったことを今でも覚えています。事業がうまくいくかわからない不安のなかで、この会社の存在が私の光となってくれました。

「G－JOYFUL」という会社名には意味があります。
Gは私の中国名であるGusanの頭文字、そしてGlobal、GreatのGです。
FULはフルヤマのフル、香港のGusanと日本のフルヤマがJOY（楽しむ）という文字を挟んでいる会社名です。

私自身がいつも楽しくワクワクし、新しいアイデアをどんどん詰め込んでいける「大人のおもちゃ箱」のような存在であって欲しいという想いが込められています。

だからこそ、これからもいろんなアイデアを創造し、この会社と一緒に実現していきたいと思います。


会社には魂が宿ると信じています。

私にとってこの会社は家族であり、恋人であり、親友であり、自分を受け入れてくれる最幸の居場所です。

まだまだ長い人生、これからも多くの経験をしていくと思います。

困難にぶち当たることもあるでしょう。

しかし、そんな困難も楽しみながら一緒に乗り越えていくつもりです。


「努力すれば、夢は叶う」という言葉は信じませんが、「努力は必ず報われる」という言葉は信じています。

だからこそ、これからも自分の成長を止めず、努力し続けられる経営者でありたいと思っています。

2020年に日本にも法人を設立しました。飲食、美容、海外から日本への移住サポートをメインにした会社です。その会社で掲げている「この会社で成し遂げたいこと」として、次の3つがあります。

- **世界と日本の距離を縮める**

世界との物心両方の距離を近づけ、ビジネスをグローバルにできる仕組みを作る

- **女性の社会的地位の向上**

女性が輝くことのできる場所を作り、社会的地位の向上を応援する

- **1人でも多くの起業家を育てる**

起業家を排出し、育成することにより、ビジネスで社会を活性化させる

この目標を実現することで、1人でも多くの人とつながり、ビジネスを楽しいと思える人が増えることが、私ができる日本と、世界への恩返しだと思っています。

最後に、この本を世に出すきっかけを作ってくださった現代書林の松島様、編集協力でサポートしていただいたライターの加藤様にも御礼申し上げます。

ここ数年、たくさんの出版依頼を受けましたが、私なんてまだまだ本にするには経験が少なすぎて書けないと思い、すべての依頼をお断りしてきました。

そんななか、「古山さんには、読者にぜひ伝えて欲しいことがたくさんあります！」と、熱く背中を押していただき、出版に至りました。

そして、自分の思いを文章にしたことで、改めて自分の歴史を振り返るとともに、たくさんの人に支えられてきたということを実感しました。

本書を通して、1人でも多くの方が「仕事っておもしろい」「起業って楽しそう！」と思っていただけると嬉しいです。

「感謝しかない」

私がいつかこの世を去るとき、この言葉で人生を締め括れますように。
そう願いつつ、1人でも多くの方に感動を与えられるよう日々精進していきます。

2023年11月

〜会社は大人のおもちゃ箱〜
G-JOYFUL LIMITED代表取締役　古山保幸

倍速《ばいそく》で失敗《しっぱい》しよう

2024年1月25日　初版第1刷

著　者――――――　古山保幸《ふるやまやすゆき》
発行者――――――　松島一樹
発行所――――――　現代書林
〒162-0053　東京都新宿区原町3-61　桂ビル
TEL／代表　03（3205）8384
振替 00140-7-42905
http://www.gendaishorin.co.jp/
デザイン――――――　田村　梓（ten-bin）

印刷・製本　（株）シナノパブリッシングプレス
乱丁・落丁本はお取り替えいたします。
定価はカバーに表示してあります。

ISBN 978-4-7745-2000-1　C0034